Aromaty Indyjskiej Kuchni

Smakowita Podróż przez Kulinarne Maharadże

Ravi Sharma

Zawartość

Mahja Kalia 17
   Składniki 17
   metoda 17
Krewetki Curry Rosachi 19
   Składniki 19
   metoda 20
Ryba faszerowana daktylami i migdałami 21
   Składniki 21
   metoda 21
Ryba Tandoori 23
   Składniki 23
   metoda 23
ryba z warzywami 24
   Składniki 24
   metoda 25
Tandoor Gulnar 27
   Składniki 27
   Na pierwszą marynatę: 27
   Na drugą marynatę: 27
Krewetki z zieloną masalą 28
   Składniki 28
   metoda 29
kotlet rybny 30

- Składniki 30
- metoda 31
- Parsi Fish Sas 32
  - Składniki 32
  - metoda 33
- Peszawari Machhi 34
  - Składniki 34
  - metoda 34
- curry z kraba 36
  - Składniki 36
  - metoda 37
- ryba musztardowa 38
  - Składniki 38
  - metoda 38
- Meen Vattichathu 39
  - Składniki 39
  - metoda 40
- Doi Mach 41
  - Składniki 41
  - Dla ogórka: 41
  - metoda 42
- smażona ryba 43
  - Składniki 43
  - metoda 43
- Producent sznycla 44
  - Składniki 44
  - metoda 44

Miecznik z Goa 46
   Składniki 46
   metoda 47
Suszona ryba masala 48
   Składniki 48
   metoda 48
Curry z krewetkami z Madrasu 49
   Składniki 49
   metoda 49
Ryba z kozieradką 50
   Składniki 50
   metoda 51
Karimeen Porichathu 52
   Składniki 52
   metoda 53
krewetki królewskie 54
   Składniki 54
   metoda 55
Ryba Marynowana 56
   Składniki 56
   metoda 56
Curry z kulkami rybnymi 57
   Składniki 57
   metoda 58
Curry wołowe z ziemniakami 59
   Składniki 59
   metoda 60

Pikantna masala jagnięca 61

    Składniki 61

    metoda 62

Rogana Josha 63

    Składniki 63

    metoda 64

Grillowane żeberka wieprzowe 65

    Składniki 65

    metoda 65

Wołowina w mleku kokosowym 66

    Dla 4 osób 66

    Składniki 66

    metoda 67

szaszłyk wieprzowy 68

    Składniki 68

    metoda 68

Pieczona Wołowina Chili 69

    Składniki 69

    metoda 70

Szkockie jajka wołowe 71

    Składniki 71

    metoda 71

Suszona wołowina w stylu malabarskim 72

    Składniki 72

    Na mieszankę przypraw: 72

    metoda 73

Kotlety jagnięce Mogołów 74

Składniki 74

metoda 74

Wołowina z okrą 75

Składniki 75

metoda 76

Wołowina Baffad 77

Składniki 77

metoda 78

Badami Gosht 79

Składniki 79

metoda 80

Indyjska pieczeń wołowa 81

Składniki 81

metoda 82

Kotlety z Khatta Pudina 83

Składniki 83

metoda 84

Indyjski stek wołowy 85

Składniki 85

metoda 85

Jagnięcina w zielonym sosie 86

Składniki 86

metoda 87

Zwykła mielona jagnięcina 88

Składniki 88

metoda 88

Sorpotel wieprzowy 89

Składniki 89

metoda 90

Marynowana Jagnięcina 91

Składniki 91

metoda 91

Halem 92

Składniki 92

metoda 93

Zielone kotlety baranie masala 94

Składniki 94

metoda 95

Wątróbka jagnięca z kozieradką 96

Składniki 96

metoda 97

Wołowina Husajniego 98

Składniki 98

Na mieszankę przypraw: 98

metoda 99

methi jagnięcina 100

Składniki 100

metoda 101

Indad wołowy 102

Składniki 102

Na mieszankę przypraw: 102

metoda 103

zapiekanka jagnięca 104

Składniki 104

metoda 104
Jagnięcina z kardamonem 106
Składniki 106
metoda 107
Khema 108
Składniki 108
metoda 109
Pikantne frytki wieprzowe 110
Składniki 110
Na mieszankę przypraw: 110
metoda 111
Tandoori Raan 112
Składniki 112
metoda 113
Baranek z Talaa 114
Składniki 114
Na mieszankę przypraw: 114
metoda 115
duszony język 116
Składniki 116
metoda 117
Smażone bułeczki baranie 118
Składniki 118
metoda 118
smażona wątróbka masala 120
Składniki 120
metoda 121

Pikantny język wołowy 122
    Składniki 122
    metoda 123
Pasanda jagnięca 124
    Składniki 124
    metoda 124
Curry z jagnięciny i jabłek 125
    Składniki 125
    metoda 126
Andhra, sucha baranina 127
    Składniki 127
    metoda 128
Łatwe curry z wołowiny 129
    Składniki 129
    metoda 129
Mój Boże, Kormo 130
    Składniki 130
    metoda 131
Kotlety Erachi 132
    Składniki 132
    metoda 133
Posiekane w piekarniku 134
    Składniki 134
    metoda 134
Kaleji Do Pyaaza 135
    Składniki 135
    metoda 136

Jagnięcina z kością 137
    Składniki 137
    metoda 138
Wołowina Vindaloo 139
    Składniki 139
    metoda 140
wołowina curry 141
    Składniki 141
    metoda 142
Baranina Dyniowa 143
    Składniki 143
    metoda 144
Gusztaba 145
    Składniki 145
    metoda 146
Owce z mieszanymi warzywami i ziołami 147
    Składniki 147
    metoda 148
cytrynowa jagnięcina 149
    Składniki 149
    metoda 150
Pasanda jagnięca z migdałami 151
    Składniki 151
    metoda 152
Krewetki Bharty 153
    Składniki 153
    metoda 154

Pikantne ryby i warzywa 155
    Składniki 155
    metoda 156
Kotlet Makreli 157
    Składniki 157
    metoda 158
Krab Tandoori 159
    Składniki 159
    metoda 159
Faszerowana Ryba 160
    Składniki 160
    metoda 161
Curry z kalafiora i krewetek 162
    Składniki 162
    Na mieszankę przypraw: 162
    metoda 163
Smażone małże 164
    Składniki 164
    metoda 165
Smażone krewetki 166
    Składniki 166
    metoda 167
Makrela w sosie pomidorowym 168
    Składniki 168
    metoda 169
Konju Ullaruathu 170
    Składniki 170

metoda 171
Curry Chemeen Manga 172
   Składniki 172
   metoda 173
Łatwe frytki Machchi 174
   Składniki 174
   metoda 174
Twórca Kalia 175
   Składniki 175
   metoda 176
Ryba smażona w jajku 177
   Składniki 177
   metoda 177
Lau Chingri 178
   Składniki 178
   metoda 179
ryba pomidorowa 180
   Składniki 180
   metoda 181
Chingri Machher Kalia 182
   Składniki 182
   metoda 182
Kebab rybny tikka 183
   Składniki 183
   metoda 183
Sznycel Chingri Machher 184
   Składniki 184

metoda 185
gotowana ryba 186
    Składniki 186
    metoda 186
Krewetki z zieloną papryką 188
    Składniki 188
    metoda 188
Twórca Jhole 189
    Składniki 189
    metoda 190
Twórca Paturi 191
    Składniki 191
    metoda 192
Chingri Machher Shorsher Jhole 193
    Składniki 193
    metoda 194
Curry z krewetek i ziemniaków 195
    Składniki 195
    metoda 196
kret krewetkowy 197
    Składniki 197
    metoda 198
Ryba Koliwada 199
    Składniki 199
    metoda 200
Roladki rybne i ziemniaczane 201
    Składniki 201

metoda 202

Krewetka Masala 203

   Składniki 203

   metoda 204

ryba czosnkowa 205

   Składniki 205

   metoda 205

ryż ziemniaczany 206

   Składniki 206

   Na kluski: 206

   metoda 207

Pulao z warzywami 208

   Składniki 208

   metoda 209

Kashche Gosht ki Biryani 210

   Składniki 210

   Dla ogórka: 210

   metoda 211

Achari Gosht ki Biryani 212

   Składniki 212

   metoda 213

Mahja Kalia

(Ryba z kokosem, sezamem i orzeszkami ziemnymi)

Dla 4 osób

Składniki

100 g świeżego kokosa, startego

1 łyżeczka nasion sezamu

1 łyżka orzeszków ziemnych

1 łyżka pasty z tamaryndowca

1 łyżeczka kurkumy

1 łyżeczka mielonej kolendry

sól dla smaku

250ml wody

500 g filetów z miecznika

1 łyżka posiekanych liści kolendry

metoda

- Upiecz razem na sucho kokos, sezam i orzeszki ziemne. Wymieszaj pastę z tamaryndowca, kurkumę, mieloną kolendrę i sól. Rozetrzeć z odpowiednią ilością wody aż do uzyskania gładkiej pasty.

- Gotuj tę mieszaninę z pozostałą wodą w rondlu na średnim ogniu przez 10 minut, często mieszając. Dodać filety rybne i dusić przez 10-12 minut. Udekorować listkami kolendry i podawać na gorąco.

Krewetki Curry Rosachi

(krewetki gotowane z kokosem)

Dla 4 osób

Składniki

200 g świeżego kokosa, startego

5 czerwonych papryk

1 ½ łyżeczki nasion kolendry

1 ½ łyżeczki maku

1 łyżeczka nasion kminku

½ łyżeczki kurkumy

6 ząbków czosnku

120 ml rafinowanego oleju roślinnego

2 duże cebule, drobno posiekane

2 pomidory, drobno posiekane

250 g krewetek, obranych i oczyszczonych

sól dla smaku

metoda

- Zmiel kokos, papryczkę chili, kolendrę, mak, kminek, kurkumę i czosnek z taką ilością wody, aby powstała gładka pasta. Odłożyć.

- W garnku rozgrzej olej. Smażyć cebulę na małym ogniu, aż będzie brązowa.

- Do zmielonego kokosa, pomidorów, krewetek i soli dodaj pastę z czerwonej papryki. Dobrze wymieszaj. Gotuj przez 15 minut, od czasu do czasu mieszając. Podawać na gorąco.

Ryba faszerowana daktylami i migdałami

Dla 4 osób

Składniki

4 pstrągi po 250 g, przekrojone pionowo

½ łyżeczki chili w proszku

1 łyżeczka pasty imbirowej

250 g świeżych daktyli bez pestek, blanszowanych i drobno posiekanych

75 g migdałów, blanszowanych i drobno posiekanych

2-3 łyżki ryżu gotowanego na parze (patrz Tutaj)

1 łyżeczka cukru

¼ łyżeczki mielonego cynamonu

½ łyżeczki mielonego czarnego pieprzu

sól dla smaku

1 duża cebula, pokrojona w cienkie plasterki

metoda

- Marynuj rybę w proszku chili i paście imbirowej przez 1 godzinę.

- Wymieszaj daktyle, migdały, ryż, cukier, cynamon, pieprz i sól. Zagnieść na miękkie ciasto. Odłożyć.

- Nacięcia marynowanej ryby wypełnij pastą daktylowo-migdałową. Nadziewaną rybę ułożyć na arkuszu folii aluminiowej i posypać cebulą.

- Rybę i cebulę zawiń w folię i szczelnie sklej brzegi.

- Piec w temperaturze 200°C (400°F, klasa gazu 6) przez 15-20 minut. Rozwiń folię i smaż rybę przez kolejne 5 minut. Podawać na gorąco.

Ryba Tandoori

Dla 4 osób

Składniki

1 łyżeczka pasty imbirowej

1 łyżeczka pasty czosnkowej

½ łyżeczki garam masali

1 łyżeczka chilli w proszku

1 łyżka soku z cytryny

sól dla smaku

500 g filetów z ogona żabnicy

1 łyżka chaat masala*

metoda

- Wymieszaj pastę imbirową, pastę czosnkową, garam masala, chilli w proszku, sok z cytryny i sól.

- Pokrój rybę. Marynować z mieszanką imbiru i czosnku przez 2 godziny.

- Grilluj rybę przez 15 minut. Posyp chaat masala. Podawać na gorąco.

ryba z warzywami

Dla 4 osób

Składniki

750 g/1 funt 10 uncji filetów z łososia, bez skóry

½ łyżeczki kurkumy

sól dla smaku

2 łyżki oleju musztardowego

łyżeczka nasion gorczycy

łyżeczka nasion kopru włoskiego

łyżeczka nasion cebuli

łyżeczka nasion kozieradki

łyżeczka kminku

2 liście laurowe

2 suszone czerwone chilli, przekrojone na pół

1 duża cebula, pokrojona w cienkie plasterki

2 duże zielone chilli, pokrojone wzdłuż

½ łyżeczki cukru

125 g groszku konserwowego

1 duży ziemniak, pokrojony w paski

2-3 małe bakłażany pokrojone w julienne

250ml wody

metoda

- Marynuj rybę z kurkumą i solą przez 30 minut.

- W garnku rozgrzej olej. Dodaj marynowaną rybę i smaż na średnim ogniu przez 4 do 5 minut, od czasu do czasu obracając. Odcedzić i przechowywać.

- Do tego samego oleju dodać musztardę, koper włoski, cebulę, kozieradkę i kminek. Spraw, żeby pluła przez 15 sekund.

- Dodaj liście laurowe i czerwoną paprykę. Smaż przez 30 sekund.

- Dodaj cebulę i zieloną paprykę. Smażyć na średnim ogniu, aż cebula stanie się brązowa.

- Dodać cukier, groszek, ziemniaki i bakłażana. Dobrze wymieszaj. Smaż mieszaninę przez 7-8 minut.

- Dodać smażoną rybę i wodę. Dobrze wymieszaj. Przykryj pokrywką i gotuj na wolnym ogniu przez 12-15 minut, od czasu do czasu mieszając.

- Podawać na gorąco.

Tandoor Gulnar

(pstrąg gotowany w piecu tandoor)

Dla 4 osób

Składniki

4 pstrągi po 250 g każdy

masło do posmarowania

Na pierwszą marynatę:

120 ml octu słodowego

2 łyżki soku z cytryny

2 łyżeczki pasty czosnkowej

½ łyżeczki chili w proszku

sól dla smaku

Na drugą marynatę:

Jogurt 400g/14oz

1 jajko

1 łyżeczka pasty czosnkowej

2 łyżeczki pasty imbirowej

120 ml świeżej płynnej śmietany

180 g mizzen*

Krewetki z zieloną masalą

Dla 4 osób

Składniki

1 cm korzeń imbiru

8 ząbków czosnku

3 zielone chilli, pokrojone wzdłuż

50 g posiekanych liści kolendry

1 ½ łyżki rafinowanego oleju roślinnego

2 duże cebule, drobno posiekane

2 pomidory, drobno posiekane

500 g dużych krewetek, obranych i oczyszczonych

1 łyżeczka pasty z tamaryndowca

sól dla smaku

½ łyżeczki kurkumy

metoda

- Zmiel imbir, czosnek, chilli i liście kolendry. Odłożyć.
- W garnku rozgrzej olej. Smażyć cebulę na małym ogniu, aż będzie brązowa.
- Dodaj pastę imbirowo-czosnkową i pomidory. Smaż przez 4-5 minut.
- Dodaj krewetki, pastę z tamaryndowca, sól i kurkumę. Dobrze wymieszaj. Gotuj przez 15 minut, od czasu do czasu mieszając. Podawać na gorąco.

kotlet rybny

Dla 4 osób

Składniki

2 jajka

1 łyżka zwykłej białej mąki

sól dla smaku

400 g John Dory, bez skóry i filetowany

500ml wody

2 duże ziemniaki, ugotowane i zmiksowane

1 ½ łyżeczki garam masala

1 duża cebula, starta

1 łyżeczka pasty imbirowej

Rafinowany olej roślinny do smażenia

200 gramów bułki tartej

metoda

- Jajka ubić z mąką i solą. Odłożyć.
- Rybę gotuj w osolonej wodzie w rondlu na średnim ogniu przez 15-20 minut. Odcedzić i zagnieść miękkie ciasto z ziemniakami, garam masala, cebulą, pastą imbirową i solą.
- Podzielić na 16 części, uformować kulki i lekko spłaszczyć, tworząc sznycle.
- Podgrzej olej na patelni. Sznycel zanurzać w roztrzepanym jajku, obtaczać w bułce tartej i smażyć na małym ogniu na złoty kolor. Podawać na gorąco.

Parsi Fish Sas

(ryba gotowana w białym sosie)

Dla 4 osób

Składniki

1 łyżka mąki ryżowej

1 łyżka cukru

60 ml octu słodowego

2 łyżki rafinowanego oleju roślinnego

2 duże cebule, pokrojone w cienkie plasterki

½ łyżeczki pasty imbirowej

½ łyżeczki pasty czosnkowej

1 łyżeczka mielonego kminku

sól dla smaku

250ml wody

8 filetów z soli z cytryną

2 jajka, ubite

metoda

- Mąkę ryżową zmiel z cukrem i octem na pastę. Odłożyć.
- W garnku rozgrzej olej. Smażyć cebulę na małym ogniu, aż będzie brązowa.
- Dodać pastę imbirową, pastę czosnkową, mielony kminek, sól, wodę i rybę. Gotuj na małym ogniu przez 25 minut, od czasu do czasu mieszając.
- Dodaj mieszaninę mąki i gotuj przez minutę.
- Ostrożnie dodaj jajka. Mieszaj przez minutę. Udekoruj i podawaj na gorąco.

Peszawari Machhi

Dla 4 osób

Składniki

3 łyżki rafinowanego oleju roślinnego

1 kg łososia pokrojonego w steki

1-calowy korzeń imbiru, starty

8 zmiażdżonych ząbków czosnku

2 duże cebule, posiekane

3 pomidory, blanszowane i pokrojone

1 łyżeczka garam masali

Jogurt 400g/14oz

łyżeczka kurkumy

1 łyżeczka amchooru*

sól dla smaku

metoda

- Podgrzej olej. Smaż rybę na małym ogniu, aż uzyska złoty kolor. Odcedzić i przechowywać.

- Na tym samym oleju dodaj imbir, czosnek i cebulę. Smażyć na małym ogniu przez 6 minut. Dodać smażoną rybę i wszystkie pozostałe składniki. Dobrze wymieszaj.
- Gotuj przez 20 minut i podawaj na gorąco.

curry z kraba

Dla 4 osób

Składniki

4 średnie krewetki, oczyszczone (patrz<u>techniki gotowania</u>)

sól dla smaku

1 łyżeczka kurkumy

½ wiórków kokosowych, startych

6 ząbków czosnku

4-5 czerwonych papryk

1 łyżka nasion kolendry

1 łyżka nasion kminku

1 łyżeczka pasty z tamaryndowca

3-4 zielone chilli, przekrojone wzdłuż

1 łyżka rafinowanego oleju roślinnego

1 duża cebula, drobno posiekana

metoda

- Marynuj krewetki solą i kurkumą przez 30 minut.
- Zmiksuj wszystkie pozostałe składniki oprócz oleju i cebuli z taką ilością wody, aby powstała gładka pasta.
- W garnku rozgrzej olej. Smażyć zmieloną pastę i cebulę na małym ogniu, aż cebula stanie się brązowa. Dodaj trochę wody. Gotuj na wolnym ogniu przez 7 do 8 minut, od czasu do czasu mieszając. Dodaj marynowane krewetki. Dobrze wymieszaj i gotuj na wolnym ogniu przez 5 minut. Podawać na gorąco.

ryba musztardowa

Dla 4 osób

Składniki

8 łyżek oleju musztardowego

4 pstrągi po 250 g każdy

2 łyżeczki mielonego kminku

2 łyżeczki mielonej musztardy

1 łyżeczka mielonej kolendry

½ łyżeczki kurkumy

120ml wody

sól dla smaku

metoda

- W garnku rozgrzej olej. Dodać rybę i smażyć na średnim ogniu przez 1-2 minuty. Odwróć rybę i powtórz proces. Odcedzić i przechowywać.
- Do tego samego oleju dodaj mielony kminek, musztardę i kolendrę. Spraw, żeby pluła przez 15 sekund.
- Dodać kurkumę, wodę, sól i smażoną rybę. Dobrze wymieszaj i gotuj na wolnym ogniu przez 10-12 minut. Podawać na gorąco.

Meen Vattichathu

(Karmazyna gotowana z przyprawami)

Dla 4 osób

Składniki

600 g 5 uncji miecznika, bez skóry i filetowanego

½ łyżeczki kurkumy

sól dla smaku

3 łyżki rafinowanego oleju roślinnego

½ łyżeczki nasion gorczycy

½ łyżeczki nasion kozieradki

8 liści curry

2 duże cebule, pokrojone w cienkie plasterki

8 ząbków czosnku, drobno posiekanych

5 cm imbiru, pokrojonego w cienkie plasterki

6 Kokum*

metoda

- Marynuj rybę w kurkumie i soli przez 2 godziny.
- W garnku rozgrzej olej. Dodaj nasiona gorczycy i kozieradki. Spraw, żeby pluła przez 15 sekund. Dodać wszystkie pozostałe składniki i marynowaną rybę. Smażyć na małym ogniu przez 15 minut. Podawać na gorąco.

Doi Mach

(ryba gotowana w jogurcie)

Dla 4 osób

Składniki

4 pstrągi, obrane i filetowane

2 łyżki rafinowanego oleju roślinnego

2 liście laurowe

1 duża cebula, drobno posiekana

2 łyżeczki cukru

sól dla smaku

200 gramów jogurtu

Dla ogórka:

3 goździki

5 cm kawałek cynamonu

3 zielone strąki kardamonu

5 cm korzeń imbiru

1 duża cebula, pokrojona w cienkie plasterki

1 łyżeczka kurkumy

sól dla smaku

metoda

- Zmiel wszystkie składniki na marynatę. Marynuj rybę w tej mieszance przez 30 minut.
- W garnku rozgrzej olej. Dodać liście laurowe i cebulę. Smażyć na małym ogniu przez 3 minuty. Dodać cukier, sól i marynowaną rybę. Dobrze wymieszaj.
- Smaż przez 10 minut. Dodaj jogurt i gotuj przez 8 minut. Podawać na gorąco.

smażona ryba

Dla 4 osób

Składniki

6 łyżek besan*

2 łyżeczki garam masali

1 łyżeczka amchooru*

1 łyżeczka nasion ajwain

1 łyżeczka pasty imbirowej

1 łyżeczka pasty czosnkowej

sól dla smaku

675 g ogona żabnicy, bez skóry i filetowany

Rafinowany olej roślinny do smażenia

metoda

- Wymieszaj wszystkie składniki oprócz ryby i oleju z taką ilością wody, aby powstała gęsta pasta. Marynuj rybę tą pastą przez 4 godziny.
- Rozgrzej olej na patelni. Dodać rybę i smażyć na średnim ogniu przez 4-5 minut. Odwróć i smaż ponownie przez 2-3 minuty. Podawać na gorąco.

Producent sznycla

Dla 4 osób

Składniki

500 g łososia bez skóry i filetów

sól dla smaku

500ml wody

250 g ziemniaków, ugotowanych i zmiksowanych

200 ml oleju musztardowego

2 duże cebule, drobno posiekane

½ łyżeczki pasty imbirowej

½ łyżeczki pasty czosnkowej

1 ½ łyżeczki garam masala

1 ubite jajko

200 gramów bułki tartej

Rafinowany olej roślinny do smażenia

metoda

- Rybę włóż do rondla z solą i wodą. Gotuj na średnim ogniu przez 15 minut. Odcedzić i zmiksować z ziemniakami. Odłożyć.
- Rozgrzej olej na patelni. Dodaj cebulę i smaż na średnim ogniu, aż będzie brązowa. Dodaj mieszaninę

rybną i wszystkie pozostałe składniki oprócz jajka i bułki tartej. Dobrze wymieszaj i gotuj na małym ogniu przez 10 minut.

- Studzimy i dzielimy na kulki wielkości cytryny. Spłaszczyć i uformować kotlety.
- Na patelni rozgrzej olej do smażenia. Kotlety maczamy w jajku, panierujemy w bułce tartej i smażymy na średnim ogniu na złoty kolor. Podawać na gorąco.

Miecznik z Goa

(Miecznik przygotowany w stylu goańskim)

Dla 4 osób

Składniki

50 g świeżego kokosa, startego

1 łyżeczka nasion kolendry

1 łyżeczka nasion kminku

1 łyżeczka maku

4 ząbki czosnku

1 łyżka pasty z tamaryndowca

250ml wody

Rafinowany olej roślinny do smażenia

1 duża cebula, drobno posiekana

1 łyżka kokumu*

sól dla smaku

½ łyżeczki kurkumy

4 steki z miecznika

metoda

- Zmiel kokos, nasiona kolendry, kminek, mak, czosnek i pastę tamaryndowca razem z taką ilością wody, aby powstała gładka pasta. Odłożyć.
- W garnku rozgrzej olej. Dodaj cebulę i smaż na średnim ogniu, aż będzie brązowa.
- Dodaj zmielone ciasto i smaż przez 2 minuty. Dodaj resztę składników. Dobrze wymieszaj i gotuj na wolnym ogniu przez 15 minut. Podawać na gorąco.

Suszona ryba masala

Dla 4 osób

Składniki

6 filetów z łososia

¼ świeżego kokosa, startego

7 czerwonych papryk

1 łyżka kurkumy

sól dla smaku

metoda

- Grilluj filety rybne przez 20 minut. Odłożyć.
- Pozostałe składniki zmiksuj na gładką pastę.
- Wymieszaj z rybą. Gotuj mieszaninę w rondlu na małym ogniu przez 15 minut. Podawać na gorąco.

Curry z krewetkami z Madrasu

Dla 4 osób

Składniki

3 łyżki rafinowanego oleju roślinnego

3 duże cebule, drobno posiekane

12 ząbków czosnku, posiekanych

3 pomidory, blanszowane i pokrojone

½ łyżeczki kurkumy

sól dla smaku

1 łyżeczka chilli w proszku

2 łyżki pasty z tamaryndowca

750 g średnich krewetek, obranych i oczyszczonych

4 łyżki mleka kokosowego

metoda

- W garnku rozgrzej olej. Dodać cebulę i czosnek i smażyć na średnim ogniu przez minutę. Dodaj pomidory, kurkumę, sól, chili w proszku, pastę tamaryndowca i krewetki. Dobrze wymieszaj i smaż przez 7-8 minut.
- Dodaj mleko kokosowe. Gotuj przez 10 minut i podawaj na gorąco.

Ryba z kozieradką

Dla 4 osób

Składniki

8 łyżek rafinowanego oleju roślinnego

500 g łososia, filetowanego

1 łyżka pasty czosnkowej

75 g świeżych liści kozieradki, drobno posiekanych

4 pomidory, drobno posiekane

2 łyżeczki mielonej kolendry

1 łyżeczka mielonego kminku

1 łyżeczka soku z cytryny

sól dla smaku

1 łyżeczka kurkumy

75 gramów gorącej wody

metoda

- Na patelni rozgrzej 4 łyżki oleju. Dodaj rybę i smaż na średnim ogniu z obu stron, aż będzie brązowa. Odcedzić i przechowywać.
- W rondlu rozgrzać 4 łyżki oleju. Dodaj pastę czosnkową. Smażyć minutę na małym ogniu. Dodać pozostałe składniki oprócz wody. Smaż przez 4-5 minut.
- Dodać wodę i smażoną rybę. Dobrze wymieszaj. Przykryj pokrywką i gotuj na wolnym ogniu przez 10-15 minut, od czasu do czasu mieszając. Podawać na gorąco.

Karimeen Porichathu

(filet rybny w masali)

Dla 4 osób

Składniki

1 łyżeczka chilli w proszku

1 łyżka mielonej kolendry

1 łyżeczka kurkumy

1 łyżeczka pasty imbirowej

2 zielone chilli, drobno posiekane

sok z 1 cytryny

8 liści curry

sól dla smaku

8 filetów z łososia

Rafinowany olej roślinny do smażenia

metoda

- Wymieszaj wszystkie składniki oprócz ryby i oleju.
- Zamarynuj rybę w tej mieszance i wstaw do lodówki na 2 godziny.
- Rozgrzej olej na patelni. Dodać kawałki ryby i smażyć na średnim ogniu na złoty kolor.
- Podawać na gorąco.

krewetki królewskie

Dla 4 osób

Składniki

500 g dużych krewetek, obranych i oczyszczonych

1 łyżeczka kurkumy

½ łyżeczki chili w proszku

sól dla smaku

3 łyżki rafinowanego oleju roślinnego

1 duża cebula, drobno posiekana

1 cm korzeń imbiru, drobno posiekany

10 ząbków czosnku, drobno posiekanych

2-3 zielone chilli, przekrojone wzdłuż

½ łyżeczki cukru

250 ml mleka kokosowego

1 łyżka liści kolendry, drobno posiekanych

metoda

- Marynuj krewetki w kurkumie, chili w proszku i soli przez 1 godzinę.
- W garnku rozgrzej olej. Dodaj cebulę, imbir, czosnek i zielone chilli i smaż na średnim ogniu przez 2-3 minuty.
- Dodać cukier, sól i marynowane krewetki. Dobrze wymieszaj i smaż przez 10 minut. Dodaj mleko kokosowe. Dusić przez 15 minut.
- Udekorować listkami kolendry i podawać na gorąco.

Ryba Marynowana

Dla 4 osób

Składniki

Rafinowany olej roślinny do smażenia

1 kg miecznika bez skóry i filetów

1 łyżeczka kurkumy

12 suszonych czerwonych papryczek

1 łyżka nasion kminku

5 cm korzeń imbiru

15 ząbków czosnku

250 ml octu słodowego

sól dla smaku

metoda

- Rozgrzej olej na patelni. Dodać rybę i smażyć na średnim ogniu przez 2-3 minuty. Odwróć i smaż przez 1-2 minuty. Odłożyć.
- Pozostałe składniki zmiksuj na gładką pastę.
- Gotuj ciasto w rondlu na małym ogniu przez 10 minut. Dodać rybę, gotować 3-4 minuty, następnie ostudzić i przechowywać w słoiku w lodówce do 1 tygodnia.

Curry z kulkami rybnymi

Dla 4 osób

Składniki

500 g łososia bez skóry i filetów

sól dla smaku

750 ml/1¼ litra wody

1 duża cebula

3 łyżeczki garam masali

½ łyżeczki kurkumy

3 łyżki rafinowanego oleju roślinnego plus dodatkowa ilość do smażenia

5 cm korzeń imbiru, starty

5 ząbków czosnku, zmiażdżonych

250 g pomidorów, blanszowanych i pokrojonych w kostkę

2 łyżki jogurtu, ubitego

metoda

- Rybę gotuj z odrobiną soli i 500 ml wody na średnim ogniu przez 20 minut. Odcedź i zmiel razem z cebulą, solą, 1 łyżeczką garam masala i kurkumą na gładką masę. Podziel na 12 kulek.
- Rozgrzej olej do smażenia. Dodać kulki i smażyć na średnim ogniu na złoty kolor. Odcedzić i przechowywać.
- W rondlu rozgrzej 3 łyżki oleju. Dodać wszystkie pozostałe składniki, pozostałą wodę i kulki rybne. Gotuj przez 10 minut i podawaj na gorąco.

Curry wołowe z ziemniakami

Dla 4 osób

Składniki

6 ziaren czarnego pieprzu

3 goździki

2 strąki czarnego kardamonu

1 calowy cynamon

1 łyżeczka nasion kminku

4 łyżki rafinowanego oleju roślinnego

3 duże cebule, drobno posiekane

łyżeczka kurkumy

1 łyżeczka chilli w proszku

1 łyżeczka pasty imbirowej

1 łyżeczka pasty czosnkowej

750 g/1 funt 10 uncji wołowiny, posiekanej

2 pomidory, drobno posiekane

3 duże ziemniaki, pokrojone w kostkę

½ łyżeczki garam masali

1 łyżka soku z cytryny

sól dla smaku

1 litr/1¾ pinty wody

1 łyżka liści kolendry, drobno posiekanych

metoda

- Zmiel ziarna pieprzu, goździki, kardamon, cynamon i kminek na drobny proszek. Odłożyć.

- W garnku rozgrzej olej. Dodaj cebulę i smaż na średnim ogniu, aż będzie brązowa.

- Dodać zmielony pieprz w proszku, kurkumę, chilli w proszku, pastę imbirową i pastę czosnkową. Smaż przez minutę.

- Dodaj mieloną wołowinę i smaż przez 5 do 6 minut.

- Dodać pomidory, ziemniaki i garam masala. Dobrze wymieszaj i gotuj przez 5 do 6 minut.

- Dodać sok z cytryny, sól i wodę. Przykryj pokrywką i gotuj na wolnym ogniu przez 45 minut, od czasu do czasu mieszając.

- Udekorować listkami kolendry. Podawać na gorąco.

Pikantna masala jagnięca

Dla 4 osób

Składniki

675 g jagnięciny, pokrojonej w kostkę

3 duże cebule, pokrojone w plasterki

750 ml/1¼ litra wody

sól dla smaku

4 łyżki rafinowanego oleju roślinnego

4 liście laurowe

łyżeczka kminku

łyżeczka nasion gorczycy

1 łyżeczka pasty imbirowej

1 łyżeczka pasty czosnkowej

2 zielone chilli, drobno posiekane

1 łyżka zmielonych orzeszków ziemnych

1 łyżka Chana dhal*, prażone na sucho i mielone

1 łyżeczka chilli w proszku

łyżeczka kurkumy

1 łyżeczka garam masali

sok z 1 cytryny

50 g drobno posiekanych liści kolendry

metoda

- Wymieszaj jagnięcinę z cebulą, wodą i solą. Gotuj tę mieszaninę w rondlu na średnim ogniu przez 40 minut. Odłożyć.

- W garnku rozgrzej olej. Dodać liście laurowe, kminek i nasiona gorczycy. Każ jej pluć przez 30 sekund.

- Dodaj pastę imbirową, pastę czosnkową i zielone chilli. Gotuj na średnim ogniu przez jedną minutę, ciągle mieszając.

- Dodaj zmielone orzeszki ziemne, chana dhal, chili w proszku, kurkumę i garam masala. Smaż jeszcze 1-2 minuty.

- Dodaj mieszankę jagnięcą. Dobrze wymieszaj. Przykryj pokrywką i gotuj na wolnym ogniu przez 45 minut, od czasu do czasu mieszając.

- Posyp sokiem z cytryny i liśćmi kolendry i podawaj na gorąco.

Rogana Josha

(kaszmirowe curry z jagnięciny)

Dla 4 osób

Składniki

sok z 1 cytryny

200 gramów jogurtu

sól dla smaku

750 g jagnięciny pokrojonej na 2,5 cm kawałki

75 g ghee plus trochę ghee do smażenia

2 duże cebule, pokrojone w cienkie plasterki

1 calowy cynamon

3 goździki

4 zielone strąki kardamonu

1 łyżeczka pasty imbirowej

1 łyżeczka pasty czosnkowej

1 łyżeczka mielonej kolendry

1 łyżeczka mielonego kminku

3 duże pomidory, drobno posiekane

750 ml/1¼ litra wody

10 g liści kolendry, drobno posiekanych

metoda

- Wymieszaj sok z cytryny, jogurt i sól. Marynuj jagnięcinę w tej mieszance przez godzinę.

- Na patelni rozgrzej ghee do smażenia. Dodaj cebulę i smaż na średnim ogniu, aż uzyskasz złoty kolor. Odcedzić i przechowywać.

- W rondlu podgrzej pozostałe ghee. Dodać cynamon, goździki i kardamon. Spraw, żeby pluła przez 15 sekund.

- Dodaj marynowaną jagnięcinę i smaż na średnim ogniu przez 6-7 minut.

- Dodaj pastę imbirową i pastę czosnkową. Smaż przez 2 minuty.

- Dodać mieloną kolendrę, mielony kminek i pomidory, dobrze wymieszać i smażyć kolejną minutę.

- Dodaj wodę. Przykryj pokrywką i gotuj na wolnym ogniu przez 40 minut, od czasu do czasu mieszając.

- Udekoruj liśćmi kolendry i smażoną cebulą. Podawać na gorąco.

Grillowane żeberka wieprzowe

Dla 4 osób

Składniki

6 zielonych papryczek

5 cm korzeń imbiru

15 ząbków czosnku

¼ małej surowej papai, zmielonej

200 gramów jogurtu

2 łyżki rafinowanego oleju roślinnego

2 łyżki soku z cytryny

sól dla smaku

750 g/1 funt 10 uncji krótkich żeberek, pokrojonych na 4 części

metoda

- Zmiel zielone chilli, imbir, czosnek i surową papaję z taką ilością wody, aby powstała gęsta pasta.

- Wymieszaj tę pastę z resztą składników oprócz żeberek. Marynuj żeberka w tej mieszance przez 4 godziny.

- Marynowane żeberka grilluj przez 40 minut, od czasu do czasu obracając. Podawać na gorąco.

Wołowina w mleku kokosowym

Dla 4 osób

Składniki

5 łyżek rafinowanego oleju roślinnego

675 g wołowiny pokrojonej w paski o szerokości 5 cm

3 duże cebule, drobno posiekane

8 ząbków czosnku, drobno posiekanych

2,5 cm korzenia imbiru, drobno posiekanego

2 zielone chilli, pokrojone wzdłuż

2 łyżeczki mielonej kolendry

2 łyżeczki mielonego kminku

1 calowy cynamon

sól dla smaku

500ml wody

500 ml mleka kokosowego

metoda

- Na patelni rozgrzej 3 łyżki oleju. Dodawaj partiami paski wołowiny i smaż na małym ogniu przez 12-15 minut, od czasu do czasu obracając. Odcedzić i przechowywać.

- W rondlu rozgrzać pozostały olej. Dodaj cebulę, czosnek, imbir i zieloną paprykę. Smażyć na średnim ogniu przez 2-3 minuty.

- Dodać podsmażone paski wołowe, mieloną kolendrę, mielony kminek, cynamon, sól i wodę. Dusić przez 40 minut.

- Dodaj mleko kokosowe. Gotuj przez 20 minut, często mieszając. Podawać na gorąco.

szaszłyk wieprzowy

Dla 4 osób

Składniki

100 ml oleju musztardowego

3 łyżki soku z cytryny

1 mała cebula, zmielona

2 łyżeczki pasty czosnkowej

1 łyżeczka musztardy w proszku

1 łyżeczka mielonego czarnego pieprzu

sól dla smaku

600 g wieprzowiny bez kości, pokrojonej na 3,5 cm kawałki

metoda

- Wymieszaj wszystkie składniki oprócz wieprzowiny. W tej mieszance marynuj wieprzowinę przez noc.

- Marynowaną wieprzowinę nadziewamy szaszłykiem i grillujemy przez 30 minut. Podawać na gorąco.

Pieczona Wołowina Chili

Dla 4 osób

Składniki

750 g wołowiny pokrojonej na 2,5 cm kawałki

6 ziaren czarnego pieprzu

3 duże cebule, pokrojone w plasterki

1 litr/1¾ pinty wody

sól dla smaku

4 łyżki rafinowanego oleju roślinnego

2,5 cm korzenia imbiru, drobno posiekanego

8 ząbków czosnku, drobno posiekanych

4 zielone papryki

1 łyżka soku z cytryny

50 g liści kolendry

metoda

- Wołowinę wymieszać z ziarnami pieprzu, 1 cebulą, wodą i solą. Gotuj tę mieszaninę w rondlu na średnim ogniu przez 40 minut. Odcedzić i przechowywać. Zachowaj bulion.

- W garnku rozgrzej olej. Smażyć pozostałe cebule na średnim ogniu, aż uzyskają złoty kolor. Dodaj imbir, czosnek i zieloną paprykę. Smaż przez 4-5 minut.

- Dodaj sok z cytryny i mieszankę wołową. Kontynuuj gotowanie przez 7-8 minut. Dodaj zarezerwowany bulion.

- Przykryj pokrywką i gotuj na wolnym ogniu przez 40 minut, od czasu do czasu mieszając. Dodaj liście kolendry i dobrze wymieszaj. Podawać na gorąco.

Szkockie jajka wołowe

Dla 4 osób

Składniki

500 g wołowiny, posiekanej

sól dla smaku

1 litr/1¾ pinty wody

3 łyżki besan*

1 ubite jajko

25 g/liście mięty, drobno posiekane

25 g/min liście kolendry, posiekane

8 gotowanych jajek

Rafinowany olej roślinny do smażenia

metoda

- Wołowinę wymieszać z solą i wodą. Gotuj w rondlu na małym ogniu przez 45 minut. Zmiel na pastę i wymieszaj z besanem, ubitym jajkiem, miętą i liśćmi kolendry. Owiń tę mieszaninę wokół jajek na twardo.
- Rozgrzej olej na patelni. Dodaj zawinięte jajka i smaż na średnim ogniu, aż uzyskasz złoty kolor. Podawać na gorąco.

Suszona wołowina w stylu malabarskim

Dla 4 osób

Składniki

675 g wołowiny pokrojonej w kostkę

4 łyżki rafinowanego oleju roślinnego

3 duże cebule, pokrojone w plasterki

1 pomidor, drobno posiekany

100 g suszonego kokosa

1 łyżeczka chilli w proszku

1 łyżeczka garam masali

1 łyżeczka mielonej kolendry

1 łyżeczka mielonego kminku

sól dla smaku

1 litr/1¾ pinty wody

Na mieszankę przypraw:

Korzeń imbiru o średnicy 3,5 cm/1½ cala

6 zielonych papryczek

1 łyżka mielonej kolendry

10 liści curry

1 łyżka pasty czosnkowej

metoda

- Wszystkie składniki mieszanki przypraw zmiel na gęstą pastę. Marynuj wołowinę w tej mieszance przez godzinę.
- W garnku rozgrzej olej. Smażyć cebulę na średnim ogniu, aż będzie brązowa. Dodaj mięso i smaż przez 6-7 minut.
- Dodaj resztę składników. Gotuj przez 40 minut i podawaj na gorąco.

Kotlety jagnięce Mogołów

Dla 4 osób

Składniki

5 cm korzeń imbiru

8 ząbków czosnku

6 suszonych czerwonych papryczek

2 łyżeczki soku z cytryny

sól dla smaku

8 kotletów jagnięcych, rozbitych i spłaszczonych

150 gramów ghee

2 duże ziemniaki, pokrojone w plasterki i usmażone

2 duże cebule

metoda

- Zmiel imbir, czosnek i czerwone chilli z sokiem z cytryny, solą i taką ilością wody, aby powstała gładka pasta. Marynuj kotlety w tej mieszance przez 4-5 godzin.
- Podgrzej ghe na patelni. Dodaj marynowane kotlety i smaż na średnim ogniu przez 8-10 minut.
- Dodać cebulę i smażone ziemniaki. Piec 15 minut. Podawać na gorąco.

Wołowina z okrą

Dla 4 osób

Składniki

4½ łyżki rafinowanego oleju roślinnego

200 gramów okry

2 duże cebule, drobno posiekane

2,5 cm korzenia imbiru, drobno posiekanego

4 ząbki czosnku, drobno posiekane

750 g wołowiny pokrojonej na 2,5 cm kawałki

4 suszone czerwone papryczki chili

1 łyżka mielonej kolendry

½ łyżki mielonego kminku

1 łyżeczka garam masali

2 pomidory, drobno posiekane

sól dla smaku

1 litr/1¾ pinty wody

metoda

- Na patelni rozgrzej 2 łyżki oleju. Dodaj okrę i smaż na średnim ogniu, aż będzie chrupiąca i brązowa. Odcedzić i przechowywać.
- W rondlu rozgrzać pozostały olej. Smaż cebulę na średnim ogniu, aż będzie przezroczysta. Dodaj imbir i czosnek. Smaż przez minutę.
- Dodaj wołowinę. Smaż przez 5 do 6 minut. Dodaj wszystkie pozostałe składniki i okrę. Dusić przez 40 minut, często mieszając. Podawać na gorąco.

Wołowina Baffad

(wołowina gotowana z kokosem i octem)

Dla 4 osób

Składniki

675 g wołowiny pokrojonej w kostkę

sól dla smaku

1 litr/1¾ pinty wody

1 łyżeczka kurkumy

½ łyżeczki czarnego pieprzu

½ łyżeczki nasion kminku

5-6 palców

1 calowy cynamon

12 ząbków czosnku, drobno posiekanych

2,5 cm korzenia imbiru, drobno posiekanego

100 g świeżego kokosa, startego

6 łyżek octu słodowego

5 łyżek rafinowanego oleju roślinnego

2 duże cebule, drobno posiekane

metoda

- Połącz wołowinę z solą i wodą i gotuj w rondlu na średnim ogniu przez 45 minut, od czasu do czasu mieszając. Odłożyć.
- Zmiel resztę składników oprócz oleju i cebuli.
- W garnku rozgrzej olej. Dodaj zmieloną mieszankę i cebulę.
- Smażyć na średnim ogniu przez 3-4 minuty. Dodaj mieszankę wołową. Dusić przez 20 minut, od czasu do czasu mieszając. Podawać na gorąco.

Badami Gosht

(jagnięcina z migdałami)

Dla 4 osób

Składniki

5 łyżek ghee

3 duże cebule, drobno posiekane

12 zmiażdżonych ząbków czosnku

Korzeń imbiru 3,5 cm, drobno posiekany

750 g posiekanej jagnięciny

75 g mielonych migdałów

1 łyżka garam masali

sól dla smaku

Jogurt 250g/9oz

360ml mleka kokosowego

500ml wody

metoda

- Podgrzej ghee w rondlu. Dodaj wszystkie składniki oprócz jogurtu, mleka kokosowego i wody. Dobrze wymieszaj. Smażyć na małym ogniu przez 10 minut.
- Dodaj resztę składników. Dusić przez 40 minut. Podawać na gorąco.

Indyjska pieczeń wołowa

Dla 4 osób

Składniki

30 g sera cheddar, startego

½ łyżeczki mielonego czarnego pieprzu

1 łyżeczka chilli w proszku

10 g liści kolendry, posiekanych

10 g liści mięty, drobno posiekanych

1 łyżeczka pasty imbirowej

1 łyżeczka pasty czosnkowej

25 g/sztukę 1 uncji bułki tartej

1 ubite jajko

sól dla smaku

675 g wołowiny bez kości, spłaszczonej i pokrojonej na 8 kawałków

5 łyżek rafinowanego oleju roślinnego

500ml wody

metoda

- Wszystkie składniki oprócz mięsa, oleju i wody wymieszać.
- Nałóż tę mieszaninę na jedną stronę każdego kawałka wołowiny. Zwiń każdy z nich i zawiąż sznurkiem, aby zamknąć.
- W garnku rozgrzej olej. Dodaj bułki i smaż na średnim ogniu przez 8 minut. Dodaj wodę i dobrze wymieszaj. Dusić przez 30 minut. Podawać na gorąco.

Kotlety z Khatta Pudina

(Kwaśne Kotlety Miętowe)

Dla 4 osób

Składniki

1 łyżeczka mielonego kminku

1 łyżka mielonego białego pieprzu

2 łyżeczki garam masali

5 łyżek soku z cytryny

4 łyżki płynnej śmietanki

150 gramów jogurtu

250 ml chutneyu miętowego

2 łyżki skrobi kukurydzianej

¼ małej papai, zmielonej

1 łyżka pasty czosnkowej

1 łyżka pasty imbirowej

1 łyżeczka mielonej kozieradki

sól dla smaku

675 g kotletów jagnięcych

Rafinowany olej roślinny do szczotkowania

metoda

- Wymieszaj wszystkie składniki oprócz kotletów jagnięcych i oleju. Marynuj kotlety w tej mieszance przez 5 godzin.
- Kotlety posmaruj olejem i grilluj przez 15 minut. Podawać na gorąco.

Indyjski stek wołowy

Dla 4 osób

Składniki

675 g/1 ½ funta wołowiny, pokrojonej na steki

Korzeń imbiru 3,5 cm, drobno posiekany

12 ząbków czosnku, drobno posiekanych

2 łyżki mielonego czarnego pieprzu

4 średnie cebule, drobno posiekane

4 zielone chilli, drobno posiekane

3 łyżki octu

750 ml/1¼ litra wody

sól dla smaku

5 łyżek rafinowanego oleju roślinnego plus dodatkowa ilość do smażenia

metoda

- Wszystkie składniki oprócz oleju do smażenia wymieszaj w rondlu.
- Przykryj szczelną pokrywką i gotuj na wolnym ogniu przez 45 minut, od czasu do czasu mieszając.
- Na patelni rozgrzej pozostały olej. Dodaj ugotowaną mieszankę stekową i smaż na średnim ogniu przez 5-7 minut, od czasu do czasu obracając. Podawać na gorąco.

Jagnięcina w zielonym sosie

Dla 4 osób

Składniki

4 łyżki rafinowanego oleju roślinnego

3 duże cebule, starte

1 ½ łyżeczki pasty imbirowej

1 łyżeczka pasty czosnkowej

675 g jagnięciny pokrojonej na 2,5 cm kawałki

½ łyżeczki mielonego cynamonu

½ łyżeczki mielonych goździków

½ łyżeczki mielonego czarnego kardamonu

6 suszonych czerwonych chilli, zmielonych

2 łyżeczki mielonej kolendry

½ łyżeczki mielonego kminku

10 g liści kolendry, drobno posiekanych

4 pomidory, puree

sól dla smaku

500ml wody

metoda

- W garnku rozgrzej olej. Dodać cebulę, pastę imbirową i pastę czosnkową. Smażyć na średnim ogniu przez 2-3 minuty.

- Dodać wszystkie pozostałe składniki oprócz wody. Dobrze wymieszaj i smaż przez 8-10 minut. Dodaj wodę. Przykryj pokrywką i gotuj na wolnym ogniu przez 40 minut, od czasu do czasu mieszając. Podawać na gorąco.

Zwykła mielona jagnięcina

Dla 4 osób

Składniki

3 łyżki oleju musztardowego

2 duże cebule, drobno posiekane

Korzeń imbiru 7,5 cm, drobno posiekany

2 łyżeczki grubo zmielonego czarnego pieprzu

2 łyżeczki mielonego kminku

sól dla smaku

1 łyżeczka kurkumy

750 g/1 funt 10 uncji mielonej jagnięciny

500ml wody

metoda

- W garnku rozgrzej olej. Dodać cebulę, imbir, pieprz, mielony kminek, sól i kurkumę. Smaż przez 2 minuty. Dodaj mieloną wołowinę. Smaż przez 8-10 minut.
- Dodaj wodę. Dobrze wymieszaj i gotuj na wolnym ogniu przez 30 minut. Podawać na gorąco.

Sorpotel wieprzowy

(wątróbka wieprzowa gotowana w sosie Goa)

Dla 4 osób

Składniki

250 ml octu słodowego

8 suszonych czerwonych papryczek

10 ziaren czarnego pieprzu

1 łyżeczka nasion kminku

1 łyżka nasion kolendry

1 łyżeczka kurkumy

500 gramów wieprzowiny

250 g wątroby

sól dla smaku

1 litr/1¾ pinty wody

120 ml rafinowanego oleju roślinnego

Korzeń imbiru o długości 5 cm, pokrojony w cienkie plasterki

20 ząbków czosnku, drobno posiekanych

6 zielonych chilli, pokrojonych wzdłuż

metoda

- Zmiel połowę octu z czerwonymi chilli, ziarnami pieprzu, kminkiem, nasionami kolendry i kurkumą na delikatną pastę. Odłożyć.
- Wymieszaj wieprzowinę i wątrobę z solą i wodą. Gotować w rondelku przez 30 minut. Odcedź i zachowaj bulion. Pokrój wieprzowinę i wątrobę w kostkę. Odłożyć.
- W garnku rozgrzej olej. Dodajemy pokrojone w kostkę mięso i smażymy na małym ogniu przez 12 minut. Dodać ciasto i wszystkie pozostałe składniki. Dobrze wymieszaj.
- Smaż przez 15 minut. Dodaj bulion. Dusić przez 15 minut. Podawać na gorąco.

Marynowana Jagnięcina

Dla 4 osób

Składniki

750 g jagnięciny pokrojonej w cienkie paski

sól dla smaku

1 litr/1¾ pinty wody

6 łyżek rafinowanego oleju roślinnego

1 łyżeczka kurkumy

4 łyżki soku z cytryny

2 łyżki mielonego kminku, prażonego na sucho

4 łyżki zmielonych nasion sezamu

Korzeń imbiru 7,5 cm, drobno posiekany

12 ząbków czosnku, drobno posiekanych

metoda

- Wymieszaj jagnięcinę z solą i wodą i gotuj w rondlu na średnim ogniu przez 40 minut. Odcedzić i przechowywać.
- Rozgrzej olej na patelni. Dodaj jagnięcinę i smaż na średnim ogniu przez 10 minut. Odcedzić i wymieszać z pozostałymi składnikami. Podawać na zimno.

Halem

(Baranina gotowana po persku)

Dla 4 osób

Składniki

500 g pszenicy namoczonej przez 2-3 godziny i odsączonej

1,5 litra/2¾ pinty wody

sól dla smaku

500 g baraniny, pokrojonej w kostkę

4-5 łyżek ghee

3 duże cebule, pokrojone w plasterki

1 łyżeczka pasty imbirowej

1 łyżeczka pasty czosnkowej

1 łyżeczka kurkumy

1 łyżeczka garam masali

metoda

- Pszenicę wymieszać z 250 ml wody i odrobiną soli. Gotuj w rondlu na średnim ogniu przez 30 minut. Dobrze rozgnieć i odłóż na bok.
- Baraninę gotujemy w rondlu z pozostałą wodą i solą przez 45 minut. Odcedź i zmiel na drobną pastę. Zachowaj bulion.
- Podgrzej ghee. Smażyć cebulę na małym ogniu, aż będzie brązowa. Dodać pastę imbirową, pastę czosnkową, kurkumę i mieloną wołowinę. Smaż przez 8 minut. Dodać pszenicę, bulion i garam masala. Piec 20 minut. Podawać na gorąco.

Zielone kotlety baranie masala

Dla 4 osób

Składniki

675 g kotletów baranich

sól dla smaku

1 łyżeczka kurkumy

500ml wody

2 łyżki mielonej kolendry

1 łyżeczka mielonego kminku

1 łyżka pasty imbirowej

1 łyżka pasty czosnkowej

100 g liści kolendry, zmielonych

1 łyżeczka soku z cytryny

1 łyżeczka mielonego czarnego pieprzu

1 łyżeczka garam masali

60 g zwykłej białej mąki

Rafinowany olej roślinny do smażenia

2 jajka, ubite

50 g bułki tartej

metoda

- Wymieszaj baraninę z solą, kurkumą i wodą. Gotuj w rondlu na średnim ogniu przez 30 minut. Odcedzić i przechowywać.
- Wymieszaj pozostałe składniki oprócz mąki, oleju, jajek i bułki tartej.
- Posmaruj kotlety tą mieszanką i posyp mąką.
- Rozgrzej olej na patelni. Kotlety maczamy w jajku, panierujemy w bułce tartej i smażymy na złoty kolor. Wróć i powtórz proces. Podawać na gorąco.

Wątróbka jagnięca z kozieradką

Dla 4 osób

Składniki

4 łyżki rafinowanego oleju roślinnego

2 duże cebule, drobno posiekane

¾ łyżeczki pasty imbirowej

łyżeczka pasty czosnkowej

50 g posiekanych liści kozieradki

600 g wątroby jagnięcej, pokrojonej w kostkę

3 pomidory, drobno posiekane

1 łyżeczka garam masali

120 ml gorącej wody

1 łyżka soku z cytryny

sól dla smaku

metoda

- W garnku rozgrzej olej. Smaż cebulę na średnim ogniu, aż będzie przezroczysta. Dodaj pastę imbirową i pastę czosnkową. Smaż przez 1-2 minuty.
- Dodaj liście kozieradki i wątrobę. Smaż przez 5 minut.
- Dodaj resztę składników. Gotuj przez 40 minut i podawaj na gorąco.

Wołowina Husajniego

(Wołowina gotowana w sosie północnoindyjskim)

Dla 4 osób

Składniki

4 łyżki rafinowanego oleju roślinnego

675 g wołowiny drobno posiekanej

Jogurt 125g/4½oz

sól dla smaku

750 ml/1¼ litra wody

Na mieszankę przypraw:

4 duże cebule

8 ząbków czosnku

1-calowy korzeń imbiru

2 łyżeczki garam masali

1 łyżeczka kurkumy

2 łyżeczki mielonej kolendry

1 łyżeczka mielonego kminku

metoda

- Składniki mieszanki przypraw zmiel na gęstą pastę.
- W garnku rozgrzej olej. Dodać ciasto i smażyć na średnim ogniu przez 4-5 minut. Dodaj wołowinę. Dobrze wymieszaj i smaż przez 8-10 minut.
- Dodaj jogurt, sól i wodę. Dobrze wymieszaj. Przykryj pokrywką i gotuj na wolnym ogniu przez 40 minut, od czasu do czasu mieszając. Podawać na gorąco.

methi jagnięcina

(Jagnięcina z Kozieradką)

Dla 4 osób

Składniki

120 ml rafinowanego oleju roślinnego

1 duża cebula, pokrojona w cienkie plasterki

6 ząbków czosnku, drobno posiekanych

600 g jagnięciny, pokrojonej w kostkę

50 g świeżych liści kozieradki, drobno posiekanych

½ łyżeczki kurkumy

1 łyżeczka mielonej kolendry

Jogurt 125g/4½oz

600ml/1 litr wody

½ łyżeczki mielonego zielonego kardamonu

sól dla smaku

metoda

- W garnku rozgrzej olej. Dodać cebulę i czosnek i smażyć na średnim ogniu przez 4 minuty.
- Dodaj jagnięcinę. Smaż przez 7-8 minut. Dodaj resztę składników. Dobrze wymieszaj i gotuj na wolnym ogniu przez 45 minut. Podawać na gorąco.

Indad wołowy

(wołowina gotowana w sosie indyjskim)

Dla 4 osób

Składniki

675 g mielonej wołowiny

1 calowy cynamon

6 goździków

sól dla smaku

1 litr/1¾ pinty wody

5 łyżek rafinowanego oleju roślinnego

3 duże ziemniaki, pokrojone w plasterki

Na mieszankę przypraw:

60 ml octu słodowego

3 duże cebule

1-calowy korzeń imbiru

8 ząbków czosnku

½ łyżeczki kurkumy

2 suszone czerwone papryki

2 łyżeczki nasion kminku

metoda

- Wołowinę wymieszać z cynamonem, goździkami, solą i wodą. Gotuj w rondlu na średnim ogniu przez 45 minut. Odłożyć.
- Składniki mieszanki przypraw zmiel na gęstą pastę.
- W garnku rozgrzej olej. Dodaj mieszankę przypraw i smaż na małym ogniu przez 5-6 minut. Dodaj wołowinę i ziemniaki. Dobrze wymieszaj. Gotuj przez 15 minut i podawaj na gorąco.

zapiekanka jagnięca

Dla 4 osób

Składniki

3 łyżki rafinowanego oleju roślinnego

2 duże cebule, drobno posiekane

4 ząbki czosnku, drobno posiekane

500 g jagnięciny, posiekanej

2 łyżeczki mielonego kminku

6 łyżek przecieru pomidorowego

150 g czerwonej fasoli konserwowej

250 ml bulionu mięsnego

Zmielony czarny pieprz do smaku

sól dla smaku

metoda

- W garnku rozgrzej olej. Dodać cebulę i czosnek i smażyć na średnim ogniu przez 2-3 minuty. Dodaj mieloną wołowinę i smaż przez 10 minut. Dodaj resztę składników. Dobrze wymieszaj i gotuj na wolnym ogniu przez 30 minut.
- Wlać do naczynia żaroodpornego. Piec w temperaturze 180°C (350°F, klasa gazu 4) przez 25 minut. Podawać na gorąco.

Jagnięcina z kardamonem

Dla 4 osób

Składniki

sól dla smaku

200 gramów jogurtu

1 ½ łyżki pasty imbirowej

2½ łyżeczki pasty czosnkowej

2 łyżki mielonego zielonego kardamonu

675 g jagnięciny pokrojonej na 3,5 cm kawałki

6 łyżek ghee

6 goździków

7,5 cm grubo mielonego cynamonu

4 duże cebule, pokrojone w cienkie plasterki

½ łyżeczki szafranu namoczonego w 2 łyżkach mleka

1 litr/1¾ pinty wody

125 g prażonych orzechów włoskich

metoda

- Wymieszaj sól, jogurt, pastę imbirową, pastę czosnkową i kardamon. Marynuj mięso w tej mieszance przez 2 godziny.
- Podgrzej ghee w rondlu. Dodaj goździki i cynamon. Spraw, żeby pluła przez 15 sekund.
- Dodaj cebulę. Smaż przez 3-4 minuty. Dodać marynowane mięso, szafran i wodę. Dobrze wymieszaj. Przykryj pokrywką i gotuj na wolnym ogniu przez 40 minut.
- Podawać gorące, udekorowane orzechami.

Khema

(mielona wołowina)

Dla 4 osób

Składniki

5 łyżek rafinowanego oleju roślinnego

4 duże cebule, drobno posiekane

1 łyżeczka pasty imbirowej

1 łyżeczka pasty czosnkowej

3 pomidory, drobno posiekane

2 łyżeczki garam masali

200 g mrożonego groszku

sól dla smaku

675 g/1 ½ funta wołowiny, posiekanej

500ml wody

metoda

- W garnku rozgrzej olej. Dodaj cebulę i smaż na średnim ogniu, aż będzie brązowa. Dodać pastę imbirową, pastę czosnkową, pomidory, garam masala, groszek i sól. Dobrze wymieszaj. Smaż przez 3-4 minuty.
- Dodaj wołowinę i wodę. Dobrze wymieszaj. Gotuj przez 40 minut i podawaj na gorąco.

Pikantne frytki wieprzowe

Dla 4 osób

Składniki

675 g wieprzowiny pokrojonej w kostkę

2 duże cebule, drobno posiekane

1 łyżeczka rafinowanego oleju roślinnego

1 litr/1¾ pinty wody

sól dla smaku

Na mieszankę przypraw:

250 ml octu

2 duże cebule

1 łyżka pasty imbirowej

1 łyżka pasty czosnkowej

1 łyżka mielonego czarnego pieprzu

1 łyżka zielonego chilli

1 łyżka kurkumy

1 łyżka chili w proszku

1 łyżka goździków

5cm cynamonu

1 łyżka zielonych strąków kardamonu

metoda
- Składniki mieszanki przypraw zmiel na gęstą pastę.
- Wymieszaj w rondelku z pozostałymi składnikami. Przykryj szczelną pokrywką i gotuj na wolnym ogniu przez 50 minut. Podawać na gorąco.

Tandoori Raan

(pikantny udziec jagnięcy gotowany w piecu tandoor)

Dla 4 osób

Składniki

Udziec jagnięcy 675g/1½lb

Jogurt 400g/14oz

2 łyżki soku z cytryny

2 łyżeczki pasty imbirowej

2 łyżeczki pasty czosnkowej

1 łyżeczka zmielonych goździków

1 łyżeczka mielonego cynamonu

2 łyżeczki chilli w proszku

1 łyżeczka startej gałki muszkatołowej

masowy szczypta

sól dla smaku

Rafinowany olej roślinny do szczotkowania

metoda

- Całą jagnięcinę nakłuj widelcem.
- Pozostałe składniki oprócz oleju dobrze wymieszać. Marynuj jagnięcinę w tej mieszance przez 4 do 6 godzin.
- Piec jagnięcinę w piekarniku nagrzanym na 180°C (350°F, klasa gazu 4) przez 1,5 do 2 godzin, od czasu do czasu podlewając. Podawać na gorąco.

Baranek z Talaa

(Pieczona jagnięcina)

Dla 4 osób

Składniki

675 g jagnięciny pokrojonej na 5 cm kawałki

sól dla smaku

1 litr/1¾ pinty wody

4 łyżki ghee

2 duże cebule, pokrojone w plasterki

Na mieszankę przypraw:

8 suszonych papryk

1 łyżeczka kurkumy

1 ½ łyżki garam masali

2 łyżeczki maku

3 duże cebule, drobno posiekane

1 łyżeczka pasty z tamaryndowca

metoda

- Składniki mieszanki przyprawowej utrzeć z wodą na gęstą pastę.
- Wymieszaj tę pastę z mięsem, solą i wodą. Gotuj w rondlu na średnim ogniu przez 40 minut. Odłożyć.
- Podgrzej ghee w rondlu. Dodaj cebulę i smaż na średnim ogniu, aż będzie brązowa. Dodaj mieszankę mięsną. Gotuj na wolnym ogniu przez 6-7 minut i podawaj na gorąco.

duszony język

Dla 4 osób

Składniki

900 g/2 funty ozora wołowego

sól dla smaku

1 litr/1¾ pinty wody

1 łyżeczka ghee

3 duże cebule, drobno posiekane

Korzeń imbiru o długości 5 cm, pokrojony w julienne

4 pomidory, drobno posiekane

125 g mrożonego groszku

10 g liści mięty, drobno posiekanych

1 łyżeczka octu słodowego

1 łyżeczka mielonego czarnego pieprzu

½ łyżki garam masali

metoda

- Umieść język w rondlu z solą i wodą i gotuj na średnim ogniu przez 45 minut. Odcedzić i chwilę ostudzić. Obrać ze skóry i pokroić w paski. Odłożyć.
- Podgrzej ghee w rondlu. Dodaj cebulę i imbir i smaż na średnim ogniu przez 2-3 minuty. Dodaj ugotowany język i wszystkie pozostałe składniki. Dusić przez 20 minut. Podawać na gorąco.

Smażone bułeczki baranie

Dla 4 osób

Składniki

75 g sera cheddar, startego

½ łyżeczki mielonego czarnego pieprzu

1 łyżeczka pasty imbirowej

1 łyżeczka pasty czosnkowej

3 jajka, ubite

50 g posiekanych liści kolendry

100 g bułki tartej

sól dla smaku

675 g baraniny bez kości, pokrojonej na 10 cm kawałki i spłaszczonej

4 łyżki ghee

250ml wody

metoda

- Wymieszaj wszystkie składniki oprócz mięsa, ghee i wody. Nałóż mieszaninę na jedną stronę kawałków mięsa. Każdą część dokładnie zwiń i zawiąż sznurkiem.
- Podgrzej ghe na patelni. Dodaj bułki baranie i smaż na średnim ogniu na złoty kolor. Dodaj wodę. Gotuj przez 15 minut i podawaj na gorąco.

smażona wątróbka masala

Dla 4 osób

Składniki

4 łyżki rafinowanego oleju roślinnego

675 g wątróbki jagnięcej pokrojonej w paski o szerokości 5 cm

2 łyżki imbiru, julienne

15 ząbków czosnku, drobno posiekanych

8 zielonych chilli, pokrojonych wzdłuż

2 łyżeczki mielonego kminku

1 łyżeczka kurkumy

Jogurt 125g/4½oz

1 łyżeczka mielonego czarnego pieprzu

sól dla smaku

50 g posiekanych liści kolendry

sok z 1 cytryny

metoda

- W garnku rozgrzej olej. Dodaj paski wątroby i smaż na średnim ogniu przez 10-12 minut.
- Dodaj imbir, czosnek, zielone chilli, kminek i kurkumę. Smaż przez 3-4 minuty. Dodać jogurt, pieprz i sól. Smaż przez 6-7 minut.
- Dodaj liście kolendry i sok z cytryny. Smażyć na małym ogniu przez 5 do 6 minut. Podawać na gorąco.

Pikantny język wołowy

Dla 4 osób

Składniki

900 g/2 funty ozora wołowego

sól dla smaku

1,5 litra/2¾ pinty wody

2 łyżeczki nasion kminku

12 ząbków czosnku

5cm cynamonu

4 goździki

6 suszonych czerwonych papryczek

8 ziaren czarnego pieprzu

6 łyżek octu słodowego

3 łyżki rafinowanego oleju roślinnego

2 duże cebule, drobno posiekane

3 pomidory, drobno posiekane

1 łyżeczka kurkumy

metoda

- Język gotujemy z solą i 1,2 litrem wody w rondlu na małym ogniu przez 45 minut. Obierz skórę. Języki pokroić w kostkę i odłożyć na bok.
- Zmiel kminek, czosnek, cynamon, goździki, suszone czerwone chilli i ziarna pieprzu z octem, aby uzyskać gładką pastę. Odłożyć.
- W garnku rozgrzej olej. Smaż cebulę na średnim ogniu, aż będzie przezroczysta. Dodać zmieloną pastę, pokrojony w kostkę ozorek, pomidory, kurkumę i pozostałą wodę. Gotuj przez 20 minut i podawaj na gorąco.

Pasanda jagnięca

(kebab jagnięcy w sosie jogurtowym)

Dla 4 osób

Składniki

½ łyżki rafinowanego oleju roślinnego

3 duże cebule, pokrojone wzdłuż

¼ małej niedojrzałej papai, zmielonej

200 gramów jogurtu

2 łyżeczki garam masali

sól dla smaku

750 g jagnięciny bez kości, pokrojonej na 5 cm kawałki

metoda

- W garnku rozgrzej olej. Smażyć cebulę na małym ogniu, aż będzie brązowa.
- Cebulę odcedź i zmiel na pastę. Wymieszaj pozostałe składniki oprócz jagnięciny. Marynuj jagnięcinę w tej mieszance przez 5 godzin.
- Ułóż w formie do ciasta i piecz w piekarniku nagrzanym na 180°C (350°F, klasa gazu 4) przez 30 minut. Podawać na gorąco.

Curry z jagnięciny i jabłek

Dla 4 osób

Składniki

5 łyżek rafinowanego oleju roślinnego

4 duże cebule, pokrojone w plasterki

4 duże blanszowane pomidory (patrz<u>techniki gotowania</u>)

½ łyżeczki pasty czosnkowej

2 łyżeczki mielonej kolendry

2 łyżeczki mielonego kminku

1 łyżeczka chilli w proszku

30 g orzechów nerkowca, zmielonych

750 g jagnięciny bez kości, pokrojonej na 2,5 cm kawałki

200 gramów jogurtu

1 łyżeczka mielonego czarnego pieprzu

sól dla smaku

750 ml/1¼ litra wody

4 jabłka pokrojone na 3,5 cm kawałki

120 ml świeżej płynnej śmietany

metoda

- Rozgrzej olej na patelni. Smażyć cebulę na małym ogniu, aż będzie brązowa.
- Dodać pomidory, pastę czosnkową, kolendrę i kminek. Smaż przez 5 minut.
- Dodać pozostałe składniki oprócz wody, jabłek i śmietany. Dobrze wymieszaj i smaż przez 8-10 minut.
- Wlewać wodę Dusić przez 40 minut. Dodać jabłka i mieszać przez 10 minut. Dodaj śmietanę i mieszaj przez kolejne 5 minut. Podawać na gorąco.

Andhra, sucha baranina

Dla 4 osób

Składniki

675 g posiekanej baraniny

4 duże cebule, pokrojone w cienkie plasterki

6 pomidorów, drobno posiekanych

1 ½ łyżeczki pasty imbirowej

1 ½ łyżeczki pasty czosnkowej

50 g świeżego kokosa, startego

2 ½ łyżki garam masala

½ łyżeczki mielonego czarnego pieprzu

1 łyżeczka kurkumy

sól dla smaku

500ml wody

6 łyżek rafinowanego oleju roślinnego

metoda

- Wszystkie składniki oprócz oleju wymieszać. Gotuj w rondlu na średnim ogniu przez 40 minut. Odcedź mięso, a bulion zachowaj.
- W innym rondlu rozgrzej olej. Dodajemy ugotowane mięso i smażymy na średnim ogniu przez 10 minut. Podawać na gorąco.

Łatwe curry z wołowiny

Dla 4 osób

Składniki

3 łyżki rafinowanego oleju roślinnego

2 duże cebule, drobno posiekane

750 g wołowiny pokrojonej na 2,5 cm kawałki

1 łyżeczka pasty imbirowej

1 łyżeczka pasty czosnkowej

1 łyżeczka chilli w proszku

½ łyżeczki kurkumy

sól dla smaku

300 g jogurtu

1,2 litra / 2 litry wody

metoda

- W garnku rozgrzej olej. Smażyć cebulę na małym ogniu, aż będzie brązowa.
- Dodać pozostałe składniki oprócz jogurtu i wody. Smaż przez 6-7 minut. Dodaj jogurt i wodę. Dusić przez 40 minut. Podawać na gorąco.

Mój Boże, Kormo

(Bogata baranina w sosie)

Dla 4 osób

Składniki

3 łyżki maku

75 g orzechów nerkowca

50 g/1¾ uncji suszonego kokosa

3 łyżki rafinowanego oleju roślinnego

1 duża cebula, pokrojona w cienkie plasterki

2 łyżki pasty imbirowej

2 łyżki pasty czosnkowej

675 g baraniny bez kości, pokrojonej w kostkę

200 gramów jogurtu

10 g liści kolendry, posiekanych

10 g liści mięty, posiekanych

½ łyżeczki garam masali

sól dla smaku

1 litr/1¾ pinty wody

metoda

- Upiecz na sucho mak, orzechy nerkowca i kokos. Rozetrzyj z wystarczającą ilością wody, aby uzyskać gęstą pastę. Odłożyć.
- W garnku rozgrzej olej. Smaż cebulę, pastę imbirową i pastę czosnkową na średnim ogniu przez 1-2 minuty.
- Dodać makową pastę z nerkowców i resztę składników oprócz wody. Dobrze wymieszaj i smaż przez 5-6 minut.
- Dodaj wodę. Dusić przez 40 minut, często mieszając. Podawać na gorąco.

Kotlety Erachi

(Delikatne kotlety baranie)

Dla 4 osób

Składniki

Kotlety Baranie 750g/1lb 10oz

sól dla smaku

1 łyżeczka kurkumy

1 litr/1¾ pinty wody

2 łyżki rafinowanego oleju roślinnego

1 łyżeczka pasty imbirowej

1 łyżeczka pasty czosnkowej

3 duże cebule, pokrojone w plasterki

5 zielonych chilli, pokrojonych wzdłuż

2 duże pomidory, drobno posiekane

½ łyżeczki mielonej kolendry

1 łyżka mielonego czarnego pieprzu

1 łyżka soku z cytryny

2 łyżki posiekanych liści kolendry

metoda

- Marynuj kotlety baranie solą i kurkumą przez 2-3 godziny.
- Gotuj mięso z wodą na małym ogniu przez 40 minut. Odłożyć.
- W garnku rozgrzej olej. Dodaj pastę imbirową, pastę czosnkową, cebulę i zielone chilli i smaż na średnim ogniu przez 3-4 minuty.
- Dodać pomidory, mieloną kolendrę i pieprz. Dobrze wymieszaj. Smaż przez 5 do 6 minut. Dodaj baraninę i smaż przez 10 minut.

- Udekoruj sokiem z cytryny i liśćmi kolendry. Podawać na gorąco.

Posiekane w piekarniku

Dla 4 osób

Składniki

3 łyżki rafinowanego oleju roślinnego

2 duże cebule, drobno posiekane

6 ząbków czosnku, drobno posiekanych

600 g baraniny, posiekanej

2 łyżeczki mielonego kminku

125 g przecieru pomidorowego

600 g/1 funt 5 uncji Fasola w puszkach

500 ml bulionu baraniego

½ łyżeczki mielonego czarnego pieprzu

sól dla smaku

metoda

- W garnku rozgrzej olej. Dodaj cebulę i czosnek. Smażyć na małym ogniu przez 2-3 minuty. Dodaj resztę składników. Dusić przez 30 minut.
- Umieścić w naczyniu do pieczenia i piec w temperaturze 200°C (400°F, klasa gazu 6) przez 25 minut. Podawać na gorąco.

Kaleji Do Pyaaza

(wątroba z cebulą)

Dla 4 osób

Składniki

4 łyżki ghee

3 duże cebule, drobno posiekane

2,5 cm korzenia imbiru, drobno posiekanego

10 ząbków czosnku, drobno posiekanych

4 zielone chilli, pokrojone wzdłuż

1 łyżeczka kurkumy

3 pomidory, drobno posiekane

750 g wątroby jagnięcej, pokrojonej w kostkę

2 łyżeczki garam masali

200 gramów jogurtu

sól dla smaku

250ml wody

metoda

- Podgrzej ghee w rondlu. Dodaj cebulę, imbir, czosnek, zielone chilli i kurkumę i smaż na średnim ogniu przez 3-4 minuty. Dodać wszystkie pozostałe składniki oprócz wody. Dobrze wymieszaj. Smaż przez 7-8 minut.
- Dodaj wodę. Dusić przez 30 minut, od czasu do czasu mieszając. Podawać na gorąco.

Jagnięcina z kością

Dla 4 osób

Składniki

30 g drobno posiekanych liści mięty

3 zielone chilli, drobno posiekane

12 ząbków czosnku, drobno posiekanych

sok z 1 cytryny

675 g udka jagnięcego, pokrojonego na 4 części

5 łyżek rafinowanego oleju roślinnego

sól dla smaku

500ml wody

1 duża cebula, drobno posiekana

4 duże ziemniaki, pokrojone w kostkę

5 małych bakłażanów przekrojonych na połówki

3 pomidory, drobno posiekane

metoda

- Zmiel liście mięty, zielone chilli i czosnek z taką ilością wody, aby uzyskać gładką pastę. Dodaj sok z cytryny i dobrze wymieszaj.
- Marynuj mięso w tej mieszance przez 30 minut.
- W garnku rozgrzej olej. Dodaj zamarynowane mięso i smaż na małym ogniu przez 8 do 10 minut. Dodaj sól i wodę i gotuj przez 30 minut.
- Dodaj wszystkie pozostałe składniki. Gotuj przez 15 minut i podawaj na gorąco.

Wołowina Vindaloo

(Cury z wołowiną goańską)

Dla 4 osób

Składniki

3 duże cebule, drobno posiekane

5 cm korzeń imbiru

10 ząbków czosnku

1 łyżka nasion kminku

½ łyżki mielonej kolendry

2 łyżeczki czerwonej papryki

½ łyżeczki nasion kozieradki

½ łyżeczki nasion gorczycy

60 ml octu słodowego

sól dla smaku

675 g wołowiny bez kości, pokrojonej na 2,5 cm kawałki

3 łyżki rafinowanego oleju roślinnego

1 litr/1¾ pinty wody

metoda

- Wszystkie składniki oprócz mięsa, oleju i wody zmiel na gęstą pastę. Marynuj mięso tą pastą przez 2 godziny.
- W garnku rozgrzej olej. Dodać zamarynowane mięso i smażyć na małym ogniu przez 7-8 minut. Dodaj wodę. Dusić przez 40 minut, od czasu do czasu mieszając. Podawać na gorąco.

wołowina curry

Dla 4 osób

Składniki

4 łyżki rafinowanego oleju roślinnego

3 duże cebule, starte

1 ½ łyżki mielonego kminku

1 łyżeczka kurkumy

1 łyżeczka chilli w proszku

½ łyżki mielonego czarnego pieprzu

4 średnie pomidory, puree

675 g chudej wołowiny pokrojonej na 2,5 cm kawałki

sól dla smaku

1 ½ łyżeczki suszonych liści kozieradki

250 ml płynnej śmietanki

metoda

- W garnku rozgrzej olej. Dodaj cebulę i smaż na średnim ogniu, aż będzie brązowa.
- Dodać pozostałe składniki oprócz liści kozieradki i śmietany.
- Dobrze wymieszaj i gotuj przez 40 minut. Dodać liście kozieradki i śmietanę. Gotuj przez 5 minut i podawaj na gorąco.

Baranina Dyniowa

Dla 4 osób

Składniki

750 g posiekanej baraniny

200 gramów jogurtu

sól dla smaku

2 duże cebule

1-calowy korzeń imbiru

7 ząbków czosnku

5 łyżek ghee

łyżeczka kurkumy

1 łyżeczka garam masali

2 liście laurowe

750 ml/1¼ litra wody

400 g dyni, ugotowanej i zmiksowanej

metoda

- Marynuj baraninę w jogurcie i soli przez 1 godzinę.
- Zmiel cebulę, imbir i czosnek z odpowiednią ilością wody, aż uzyskasz gęstą pastę. Podgrzej ghee w rondlu. Dodajemy pastę z kurkumą i smażymy 3-4 minuty.
- Dodaj garam masala, liście laurowe i baraninę. Smaż przez 10 minut.
- Dodaj wodę i dynię. Gotuj przez 40 minut i podawaj na gorąco.

Gusztaba

(owca po kaszmirsku)

Dla 4 osób

Składniki

675 g baraniny bez kości

6 czarnych strąków kardamonu

sól dla smaku

4 łyżki ghee

4 duże cebule, pokrojone w pierścienie

Jogurt 600 g/1 funt 5 uncji

1 łyżeczka zmielonych nasion kopru włoskiego

1 łyżka mielonego cynamonu

1 łyżka mielonych goździków

1 łyżka zmiażdżonych liści mięty

metoda

- Zmiksuj baraninę z kardamonem i solą, aż będzie miękka. Podziel na 12 kulek i odłóż na bok.
- Podgrzej ghee w rondlu. Smażyć cebulę na małym ogniu, aż będzie brązowa. Dodać jogurt i dusić przez 8-10 minut, ciągle mieszając.
- Dodaj klopsiki i wszystkie pozostałe składniki oprócz liści mięty. Dusić przez 40 minut. Podawać udekorowane listkami mięty.

Owce z mieszanymi warzywami i ziołami

Dla 4 osób

Składniki

5 łyżek rafinowanego oleju roślinnego

3 duże cebule, drobno posiekane

750 g baraniny, pokrojonej w kostkę

50 g liści amarantusa*, drobno posiekane

100 g liści szpinaku, drobno posiekanych

50 g posiekanych liści kozieradki

50 g drobno posiekanych liści koperku

50 g posiekanych liści kolendry

1 łyżeczka pasty imbirowej

1 łyżeczka pasty czosnkowej

3 zielone chilli, drobno posiekane

1 łyżeczka kurkumy

2 łyżeczki mielonej kolendry

1 łyżeczka mielonego kminku

sól dla smaku

1 litr/1¾ pinty wody

metoda

- W garnku rozgrzej olej. Smażyć cebulę na średnim ogniu, aż będzie brązowa. Dodać pozostałe składniki oprócz wody. Brązuj przez 12 minut.
- Dodaj wodę. Gotuj przez 40 minut i podawaj na gorąco.

cytrynowa jagnięcina

Dla 4 osób

Składniki

750 g jagnięciny pokrojonej na 2,5 cm kawałki

2 pomidory, drobno posiekane

4 zielone chilli, drobno posiekane

1 łyżeczka pasty imbirowej

1 łyżeczka pasty czosnkowej

2 łyżeczki garam masali

Jogurt 125g/4½oz

500ml wody

sól dla smaku

1 łyżka rafinowanego oleju roślinnego

10 szalotek

3 łyżki soku z cytryny

metoda

- Wymieszaj jagnięcinę ze wszystkimi pozostałymi składnikami oprócz oleju, szalotki i soku z cytryny. Gotuj w rondlu na średnim ogniu przez 45 minut. Odłożyć.

- W garnku rozgrzej olej. Smaż szalotkę na małym ogniu przez 5 minut.
- Wymieszaj z jagnięcym curry i skrop sokiem z cytryny. Podawać na gorąco.

Pasanda jagnięca z migdałami

(Kawałki jagnięciny z migdałami w sosie jogurtowym)

Dla 4 osób

Składniki

120 ml rafinowanego oleju roślinnego

4 duże cebule, drobno posiekane

750 g jagnięciny bez kości, pokrojonej na 5 cm kawałki

3 pomidory, drobno posiekane

1 łyżeczka pasty imbirowej

1 łyżeczka pasty czosnkowej

2 łyżeczki mielonego kminku

1 ½ łyżeczki garam masala

sól dla smaku

200 g jogurtu greckiego

750 ml/1¼ litra wody

25 migdałów, z grubsza zmiażdżonych

metoda

- W garnku rozgrzej olej. Dodać cebulę i smażyć na małym ogniu przez 6 minut. Dodaj jagnięcinę i smaż przez 8 do 10 minut. Dodaj pozostałe składniki oprócz jogurtu, wody i migdałów. Smaż przez 5 do 6 minut.
- Dodać jogurt, wodę i połowę migdałów. Dusić przez 40 minut, często mieszając. Podawać posypane pozostałymi migdałami.

Krewetki Bharty

(Krewetki gotowane w klasycznym sosie indyjskim)

Dla 4 osób

Składniki

100 ml oleju musztardowego

1 łyżeczka nasion kminku

1 duża cebula, starta

1 łyżeczka kurkumy

1 łyżeczka garam masali

2 łyżeczki pasty imbirowej

2 łyżeczki pasty czosnkowej

2 pomidory, drobno posiekane

3 zielone chilli, pokrojone wzdłuż

750 g 10 uncji krewetek, obranych i oczyszczonych

250ml wody

sól dla smaku

metoda

- W garnku rozgrzej olej. Dodaj kminek. Spraw, żeby pluła przez 15 sekund. Dodaj cebulę i smaż na średnim ogniu, aż będzie brązowa.

- Dodaj wszystkie pozostałe składniki. Gotuj przez 15 minut i podawaj na gorąco.

Pikantne ryby i warzywa

Dla 4 osób

Składniki

2 łyżki oleju musztardowego

500 g ozorka cytrynowego, obranego i filetowanego

łyżeczka nasion gorczycy

łyżeczka nasion kopru włoskiego

łyżeczka nasion kozieradki

łyżeczka kminku

2 liście laurowe

½ łyżeczki kurkumy

2 suszone czerwone chilli, przekrojone na pół

1 duża cebula, pokrojona w cienkie plasterki

200 g mrożonych mieszanek warzywnych

360 ml/12 uncji wody

sól dla smaku

metoda

- W garnku rozgrzej olej. Dodać rybę i smażyć na średnim ogniu na złoty kolor. Wróć i powtórz proces. Odcedzić i przechowywać.

- Do tego samego oleju dodać musztardę, koper włoski, nasiona kozieradki i kminku, liście laurowe, kurkumę i czerwoną paprykę. Smaż przez 30 sekund.

- Dodaj cebulę. Smażyć na średnim ogniu przez 1 minutę. Dodać pozostałe składniki i smażoną rybę. Gotuj przez 30 minut i podawaj na gorąco.

Kotlet Makreli

Dla 4 osób

Składniki

4 duże makrele, oczyszczone

sól dla smaku

½ łyżeczki kurkumy

2 łyżeczki octu słodowego

250ml wody

1 łyżka rafinowanego oleju roślinnego plus dodatkowa ilość do płytkiego smażenia

2 duże cebule, drobno posiekane

1 łyżeczka pasty imbirowej

1 łyżeczka pasty czosnkowej

1 pomidor, drobno posiekany

1 łyżeczka mielonego czarnego pieprzu

1 ubite jajko

10 g liści kolendry, posiekanych

3 kromki chleba, namoczone i odciśnięte

60 g mąki ryżowej

metoda

- Makrelę gotuj w rondlu z solą, kurkumą, octem i wodą na średnim ogniu przez 15 minut. kości i miąższ. Odłożyć.

- W rondlu rozgrzej 1 łyżkę oleju. Smażyć cebulę na małym ogniu, aż będzie brązowa.

- Dodać pastę imbirową, pastę czosnkową i pomidora. Smaż przez 4-5 minut.

- Dodać pieprz i sól i zdjąć z ognia. Wymieszać z puree rybnym, jajkiem, liśćmi kolendry i pieczywem. Zagnieść i uformować 8 kotletów.

- Rozgrzej olej na patelni. Obtocz sznycel w mące ryżowej i smaż przez 4-5 minut na średnim ogniu. Wróć i powtórz proces. Podawać na gorąco.

Krab Tandoori

Dla 4 osób

Składniki

2 łyżeczki pasty imbirowej

2 łyżeczki pasty czosnkowej

2 łyżeczki garam masali

1 łyżka soku z cytryny

Jogurt grecki 125g/4½oz

sól dla smaku

4 kraby, oczyszczone

1 łyżka rafinowanego oleju roślinnego

metoda

- Wymieszaj wszystkie składniki oprócz krewetek i oleju. Marynuj krewetki w tej mieszance przez 3-4 godziny.
- Marynowane krewetki posmaruj olejem. Grilluj przez 10-15 minut. Podawać na gorąco.

Faszerowana Ryba

Dla 4 osób

Składniki

2 łyżki rafinowanego oleju roślinnego plus dodatkowa ilość do płytkiego smażenia

1 duża cebula, drobno posiekana

1 duży pomidor, drobno posiekany

1 łyżeczka pasty imbirowej

1 łyżeczka pasty czosnkowej

1 łyżeczka mielonej kolendry

1 łyżeczka mielonego kminku

sól dla smaku

1 łyżeczka kurkumy

2 łyżki octu słodowego

1 kg łososia rozkrojonego w brzuchu

25 g/sztukę 1 uncji bułki tartej

metoda

- W rondlu rozgrzej 2 łyżki oleju. Dodać cebulę i smażyć na małym ogniu, aż się zarumieni. Dodaj pozostałe składniki oprócz octu, ryby i bułki tartej. Smaż przez 5 minut.
- Dodaj ocet. Dusić przez 5 minut. Powstałą mieszanką nafaszeruj rybę.
- Na patelni rozgrzej pozostały olej. Rybę panierujemy w bułce tartej i smażymy na średnim ogniu na złoty kolor. Wróć i powtórz proces. Podawać na gorąco.

Curry z kalafiora i krewetek

Dla 4 osób

Składniki

10 łyżek rafinowanego oleju roślinnego

1 duża cebula, drobno posiekana

łyżeczka kurkumy

250 g krewetek, obranych i oczyszczonych

200 g różyczek kalafiora

sól dla smaku

Na mieszankę przypraw:

1 łyżka nasion kolendry

1 łyżka garam masali

5 czerwonych papryk

1-calowy korzeń imbiru

8 ząbków czosnku

60 g świeżego kokosa

metoda

- Na patelni rozgrzej połowę oleju. Dodaj składniki mieszanki przypraw i smaż na średnim ogniu przez 5 minut. Zmiel na gęstą pastę. Odłożyć.
- W rondlu rozgrzać pozostały olej. Smaż cebulę na średnim ogniu, aż będzie przezroczysta. Dodać wszystkie pozostałe składniki i pastę przyprawową.
- Dusić przez 15-20 minut, od czasu do czasu mieszając. Podawać na gorąco.

Smażone małże

Dla 4 osób

Składniki

500 g małży, oczyszczonych

6 łyżek rafinowanego oleju roślinnego

2 duże cebule, drobno posiekane

1 łyżeczka kurkumy

1 łyżeczka garam masali

2 łyżeczki pasty imbirowej

2 łyżeczki pasty czosnkowej

10 g liści kolendry, posiekanych

6 Kokum*

sól dla smaku

250ml wody

metoda

- Gotuj małże na parze przez 25 minut. Odłożyć.
- W garnku rozgrzej olej. Smażyć cebulę na małym ogniu, aż będzie brązowa.
- Dodać pozostałe składniki oprócz wody. Smaż przez 5 do 6 minut.
- Dodać ugotowane na parze małże i wodę. Przykryj pokrywką i gotuj na wolnym ogniu przez 10 minut. Podawać na gorąco.

Smażone krewetki

Dla 4 osób

Składniki

250 g obranych krewetek

250 g mizenu*

2 zielone chilli, drobno posiekane

1 łyżeczka chilli w proszku

1 łyżeczka kurkumy

1 łyżeczka mielonej kolendry

1 łyżeczka mielonego kminku

½ łyżeczki amchooru*

1 mała cebula, starta

łyżeczka proszku do pieczenia

sól dla smaku

Rafinowany olej roślinny do smażenia

metoda

- Wymieszaj wszystkie składniki oprócz oleju z taką ilością wody, aby powstała gęsta pasta.
- Podgrzej olej na patelni. Dodawaj kilka łyżek ciasta i smaż na średnim ogniu ze wszystkich stron na złoty kolor.
- Powtórzyć z resztą ciasta. Podawać na gorąco.

Makrela w sosie pomidorowym

Dla 4 osób

Składniki

1 łyżka rafinowanego oleju roślinnego

2 duże cebule, drobno posiekane

2 pomidory, drobno posiekane

1 łyżka pasty imbirowej

1 łyżka pasty czosnkowej

1 łyżeczka chilli w proszku

½ łyżeczki kurkumy

8 suchych kokum*

2 zielone chilli, pokrojone w plasterki

sól dla smaku

4 duże makrele, obrane i filetowane

120ml wody

metoda

- W garnku rozgrzej olej. Smażyć cebulę na średnim ogniu, aż będzie brązowa. Dodaj wszystkie pozostałe składniki oprócz ryby i wody. Dobrze wymieszaj i smaż przez 5-6 minut.
- Dodaj rybę i wodę. Dobrze wymieszaj. Gotuj przez 15 minut i podawaj na gorąco.

Konju Ullaruathu

(Scampi w Czerwonej Masali)

Dla 4 osób

Składniki

120 ml rafinowanego oleju roślinnego

1 duża cebula, drobno posiekana

Korzeń imbiru o długości 5 cm, pokrojony w cienkie plasterki

12 ząbków czosnku, pokrojonych w cienkie plasterki

2 łyżki zielonego chilli, drobno posiekanego

8 liści curry

2 pomidory, drobno posiekane

1 łyżeczka kurkumy

2 łyżeczki mielonej kolendry

1 łyżeczka mielonego kopru włoskiego

600 g langustynek obranych i oczyszczonych

3 łyżeczki chilli w proszku

sól dla smaku

1 łyżeczka garam masali

metoda

- W garnku rozgrzej olej. Dodaj cebulę, imbir, czosnek, zielone chilli i liście curry i smaż na średnim ogniu przez 1-2 minuty.
- Dodaj wszystkie pozostałe składniki oprócz garam masala. Dobrze wymieszaj i gotuj na małym ogniu przez 15-20 minut.
- Posyp garam masala i podawaj na gorąco.

Curry Chemeen Manga

(Krewetki Curry Z Niedojrzałym Mango)

Dla 4 osób

Składniki

200 g świeżego kokosa, startego

1 łyżka chili w proszku

2 duże cebule, pokrojone w cienkie plasterki

3 łyżki rafinowanego oleju roślinnego

2 zielone chilli, posiekane

2,5 cm korzeń imbiru, pokrojony w cienkie plasterki

sól dla smaku

1 łyżeczka kurkumy

1 małe niedojrzałe mango, pokrojone w kostkę

120ml wody

750 g 10 uncji krewetek królewskich, obranych i oczyszczonych

1 łyżeczka nasion gorczycy

10 liści curry

2 całe czerwone papryki

4-5 szalotek, pokrojonych w plasterki

metoda

- Zmiel kokos, proszek chili i połowę cebuli. Odłożyć.
- W rondlu rozgrzej połowę oleju. Smaż pozostałą cebulę z zielonymi chilli, imbirem, solą i kurkumą na małym ogniu przez 3-4 minuty.
- Dodać pastę kokosową, niedojrzałe mango i wodę. Dusić przez 8 minut.
- Dodaj krewetki. Gotować 10-12 minut i odstawić.
- Rozgrzać pozostały olej. Dodaj nasiona gorczycy, liście curry, chilli i szalotkę. Smaż przez minutę. Dodaj tę mieszaninę do krewetek i podawaj na gorąco.

Łatwe frytki Machchi

(Smażona ryba z przyprawami)

Dla 4 osób

Składniki

8 twardych filetów z białej ryby, np. B. Dorsz

łyżeczka kurkumy

½ łyżeczki chili w proszku

1 łyżeczka soku z cytryny

250 ml rafinowanego oleju roślinnego

2 łyżki zwykłej białej mąki

metoda

- Marynuj rybę w kurkumie, sproszkowanym chili i soku z cytryny przez 1 godzinę.
- Rozgrzej olej na patelni. Rybę oprósz mąką i smaż na średnim ogniu przez 3-4 minuty. Odwróć i smaż przez 2-3 minuty. Podawać na gorąco.

Twórca Kalia

(ryba w mocnym sosie)

Dla 4 osób

Składniki

1 łyżeczka nasion kolendry

2 łyżeczki nasion kminku

1 łyżeczka chilli w proszku

2,5 cm korzeń imbiru, obrany

250ml wody

120 ml rafinowanego oleju roślinnego

500 g filetów z pstrąga bez skóry

3 liście laurowe

1 duża cebula, drobno posiekana

4 ząbki czosnku, drobno posiekane

4 zielone chilli, pokrojone w plasterki

sól dla smaku

1 łyżeczka kurkumy

2 łyżki jogurtu

metoda

- Zmiel nasiona kolendry, kminku, chili w proszku i imbir z taką ilością wody, aby powstała gęsta pasta. Odłożyć.
- W garnku rozgrzej olej. Dodaj rybę i smaż na średnim ogniu przez 3-4 minuty. Wróć i powtórz proces. Odcedzić i przechowywać.
- Do tego samego oleju dodaj liście laurowe, cebulę, czosnek i zielone chilli. Smaż przez 2 minuty. Dodać pozostałe składniki, smażoną rybę i ciasto. Dobrze wymieszaj i gotuj na wolnym ogniu przez 15 minut. Podawać na gorąco.

Ryba smażona w jajku

Dla 4 osób

Składniki

500 g / 1 funt 2 uncje John Dory, bez skóry i filetowany

sok z 1 cytryny

sól dla smaku

2 jajka

1 łyżka zwykłej białej mąki

½ łyżeczki mielonego czarnego pieprzu

1 łyżeczka chilli w proszku

250 ml rafinowanego oleju roślinnego

100 g bułki tartej

metoda

- Marynuj rybę sokiem z cytryny i solą przez 4 godziny.
- Jajka ubić z mąką, pieprzem i chilli w proszku.
- Rozgrzej olej na patelni. Marynowaną rybę maczać w mieszance jajecznej, panierować w bułce tartej i smażyć na małym ogniu na złoty kolor. Podawać na gorąco.

Lau Chingri

(krewetki z dynią)

Dla 4 osób

Składniki

250 g obranych krewetek

500 g dyni, pokrojonej w kostkę

2 łyżki oleju musztardowego

łyżeczka kminku

1 liść laurowy

½ łyżeczki kurkumy

1 łyżka mielonej kolendry

łyżeczka cukru

1 łyżka mleka

sól dla smaku

metoda

- Krewetki i dynię gotuj na parze przez 15–20 minut. Odłożyć.
- W garnku rozgrzej olej. Dodać kminek i liść laurowy. Smaż przez 15 sekund. Dodać kurkumę i mieloną kolendrę. Smażyć na średnim ogniu przez 2-3 minuty. Dodać cukier, mleko, sól oraz gotowane na parze krewetki i dynię. Dusić przez 10 minut. Podawać na gorąco.

ryba pomidorowa

Dla 4 osób

Składniki

2 łyżki zwykłej białej mąki

1 łyżeczka mielonego czarnego pieprzu

500 g ozorka cytrynowego, obranego i filetowanego

3 łyżki masła

2 liście laurowe

1 mała cebula, starta

6 ząbków czosnku, drobno posiekanych

2 łyżeczki soku z cytryny

6 łyżek bulionu rybnego

150 gramów przecieru pomidorowego

sól dla smaku

metoda

- Wymieszaj mąkę i pieprz. Wmieszaj rybę do powstałej mieszanki.
- Na patelni rozgrzej masło. Smaż rybę na średnim ogniu, aż uzyska złoty kolor. Odcedzić i przechowywać.
- Na tym samym maśle podsmaż liście laurowe, cebulę i czosnek na średnim ogniu przez 2-3 minuty. Dodać smażoną rybę i wszystkie pozostałe składniki. Dobrze wymieszaj i gotuj przez 20 minut. Podawać na gorąco.

Chingri Machher Kalia

(Bogate curry z krewetkami)

Dla 4 osób

Składniki

24 duże krewetki, obrane i oczyszczone

½ łyżeczki kurkumy

sól dla smaku

250ml wody

3 łyżki oleju musztardowego

2 duże cebule, drobno starte

6 suszonych czerwonych chilli, zmielonych

2 łyżki liści kolendry, drobno posiekanych

metoda

- Gotuj krewetki z kurkumą, solą i wodą w rondlu na średnim ogniu przez 20-25 minut. Odłożyć. Nie wylewaj wody.
- W garnku rozgrzej olej. Dodaj cebulę i czerwoną paprykę i smaż na średnim ogniu przez 2-3 minuty.
- Dodaj ugotowane krewetki i zarezerwowaną wodę. Dobrze wymieszaj i gotuj na wolnym ogniu przez 20-25 minut. Udekorować listkami kolendry. Podawać na gorąco.

Kebab rybny tikka

Dla 4 osób

Składniki

1 łyżka octu słodowego

1 łyżka jogurtu

1 łyżeczka pasty imbirowej

1 łyżeczka pasty czosnkowej

2 zielone chilli, drobno posiekane

1 łyżeczka garam masali

1 łyżeczka mielonego kminku

1 łyżeczka chilli w proszku

Odrobina pomarańczowego barwnika spożywczego

sól dla smaku

675 g żabnicy bez skóry i filetowanej

metoda

- Wymieszaj wszystkie składniki oprócz ryby. Marynuj rybę w tej mieszance przez 3 godziny.
- Marynowaną rybę nakładamy na patyczki do szaszłyków i grillujemy przez 20 minut. Podawać na gorąco.

Sznycel Chingri Machher

(kotlety z krewetek)

Dla 4 osób

Składniki

12 krewetek, obranych i oczyszczonych

sól dla smaku

500ml wody

4 zielone chilli, drobno posiekane

2 łyżki pasty czosnkowej

50 g posiekanych liści kolendry

1 łyżeczka mielonego kminku

szczypta kurkumy

Rafinowany olej roślinny do smażenia

1 ubite jajko

4 łyżki bułki tartej

metoda

- Gotuj krewetki z solą i wodą w rondlu na średnim ogniu przez 20 minut. Odcedź i zmiksuj ze wszystkimi pozostałymi składnikami oprócz oleju, jajka i bułki tartej.
- Podzielić masę na 8 porcji, uformować kulki i spłaszczyć sznycle.
- Podgrzej olej na patelni. Kotlety maczamy w jajku, panierujemy w bułce tartej i smażymy na średnim ogniu na złoty kolor. Podawać na gorąco.

gotowana ryba

Dla 4 osób

Składniki

500 g/1 funt 2 uncje filetów z ozorów cytrynowych lub lucjanów czerwonych, bez skóry

sól dla smaku

1 łyżeczka mielonego czarnego pieprzu

¼ łyżeczki łyżeczka suszonego czerwonego chilli, drobno posiekanego

2 duże zielone papryki, drobno posiekane

2 pomidory, pokrojone w plasterki

1 duża cebula, pokrojona w plasterki

sok z 1 cytryny

3 zielone chilli, pokrojone wzdłuż

10 ząbków czosnku, pokrojonych w cienkie plasterki

1 łyżka oliwy z oliwek

metoda

- Filety rybne ułożyć w naczyniu żaroodpornym, posypać solą, pieprzem i chili.
- Na tę mieszaninę rozsmaruj pozostałe składniki.

- Przykryj naczynie i piecz w piekarniku nagrzanym na 200°C (400°F, klasa gazu 6) przez 15 minut. Odkryj i piecz przez 10 minut. Podawać na gorąco.

Krewetki z zieloną papryką

Dla 4 osób

Składniki

4 łyżki rafinowanego oleju roślinnego

2 duże cebule, pokrojone w cienkie plasterki

Korzeń imbiru o długości 5 cm, pokrojony w cienkie plasterki

12 ząbków czosnku, pokrojonych w cienkie plasterki

4 zielone chilli, pokrojone wzdłuż

½ łyżeczki kurkumy

2 pomidory, drobno posiekane

500 g krewetek, obranych i oczyszczonych

3 zielone papryki, pozbawione nasion i pokrojone w plasterki

sól dla smaku

1 łyżka posiekanych liści kolendry

metoda

- W garnku rozgrzej olej. Dodaj cebulę, imbir, czosnek i zieloną paprykę. Smażyć na małym ogniu przez 1-2 minuty. Dodać pozostałe składniki oprócz liści kolendry. Dobrze wymieszaj i smaż przez 15 minut.
- Udekorować listkami kolendry. Podawać na gorąco.

Twórca Jhole

(ryba w sosie)

Dla 4 osób

Składniki

500 g 2 uncje pstrąga, bez skóry i filetowanego

1 łyżeczka kurkumy

sól dla smaku

4 łyżki oleju musztardowego

3 suszone czerwone papryki

1 łyżeczka garam masali

1 duża cebula, starta

2 łyżeczki pasty imbirowej

1 łyżeczka mielonej musztardy

1 łyżeczka mielonej kolendry

250ml wody

1 łyżka posiekanych liści kolendry

metoda

- Marynuj rybę z kurkumą i solą przez 30 minut.
- Rozgrzej olej na patelni. Smaż marynowaną rybę na średnim ogniu przez 2-3 minuty. Wróć i powtórz proces. Odłożyć.
- Na tym samym oleju podsmaż paprykę i garam masalę na średnim ogniu przez 1 do 2 minut. Dodać pozostałe składniki oprócz liści kolendry. Dobrze wymieszaj i gotuj na wolnym ogniu przez 10 minut. Dodaj rybę i dobrze wymieszaj.
- Dusić przez 10 minut. Posyp listkami kolendry i podawaj na gorąco.

Twórca Paturi

(Ryba Gotowana Na Parze W Liściach Banana)

Dla 4 osób

Składniki

5 łyżek nasion gorczycy

5 zielonych papryczek

1 łyżeczka kurkumy

1 łyżeczka chilli w proszku

1 łyżka oleju musztardowego

½ łyżeczki nasion kopru włoskiego

2 łyżki liści kolendry, drobno posiekanych

½ łyżeczki cukru

sól dla smaku

750 g/1 funt 10 uncji pstrąga, bez skóry i filetowanego

Liście bananowca 20×15 cm, umyte

metoda

- Zmiel wszystkie składniki oprócz ryby i liści bananów na gładką pastę. Marynuj rybę tą pastą przez 30 minut.
- Zawiń rybę w liście bananowca i gotuj na parze przez 20-25 minut. Ostrożnie rozpakuj i podawaj na gorąco.

Chingri Machher Shorsher Jhole

(musztarda krewetkowa curry)

Dla 4 osób

Składniki

6 suszonych czerwonych papryczek

½ łyżeczki kurkumy

3 łyżeczki nasion kminku

1 łyżka nasion gorczycy

12 ząbków czosnku

2 duże cebule

sól dla smaku

24 krewetki, obrane i oczyszczone

3 łyżki oleju musztardowego

500ml wody

metoda

- Zmiel wszystkie składniki oprócz krewetek, oleju i wody na gładką pastę. Marynuj krewetki w tej paście przez 1 godzinę.
- W garnku rozgrzej olej. Dodaj krewetki i smaż na średnim ogniu przez 4 do 5 minut.
- Dodaj wodę. Dobrze wymieszaj i gotuj przez 20 minut. Podawać na gorąco.

Curry z krewetek i ziemniaków

Dla 4 osób

Składniki

3 łyżki rafinowanego oleju roślinnego

2 duże cebule, drobno posiekane

3 pomidory, drobno posiekane

1 łyżeczka pasty czosnkowej

1 łyżeczka chilli w proszku

½ łyżeczki kurkumy

1 łyżeczka garam masali

250 g krewetek, obranych i oczyszczonych

2 duże ziemniaki, pokrojone w kostkę

250ml gorącej wody

1 łyżeczka soku z cytryny

10 g liści kolendry, posiekanych

sól dla smaku

metoda

- W garnku rozgrzej olej. Smażyć cebulę na małym ogniu, aż będzie brązowa.
- Dodać pomidory, pastę czosnkową, chilli w proszku, kurkumę i garam masala. Smaż przez 4-5 minut. Dodaj resztę składników. Dobrze wymieszaj.
- Gotuj przez 20 minut i podawaj na gorąco.

kret krewetkowy

(krewetki gotowane w prostym curry)

Dla 4 osób

Składniki

3 łyżki rafinowanego oleju roślinnego

2 duże cebule, drobno posiekane

1-calowy korzeń imbiru, posiekany w julienne

8 ząbków czosnku, posiekanych

4 zielone chilli, pokrojone wzdłuż

375 g krewetek, obranych i oczyszczonych

3 pomidory, drobno posiekane

1 łyżeczka kurkumy

½ łyżeczki chili w proszku

sól dla smaku

750 ml/1¼ litra mleka kokosowego

metoda

- W garnku rozgrzej olej. Dodaj cebulę, imbir, czosnek i zielone chilli i smaż na średnim ogniu przez 1-2 minuty.
- Dodaj krewetki, pomidory, kurkumę, chili w proszku i sól. Smaż przez 5 do 6 minut. Dodaj mleko kokosowe. Dobrze wymieszaj i gotuj na wolnym ogniu przez 10-12 minut. Podawać na gorąco.

Ryba Koliwada

(pikantna smażona ryba)

Dla 4 osób

Składniki

675 g żabnicy bez skóry i filetowanej

sól dla smaku

1 łyżeczka soku z cytryny

250 g mizenu*

3 łyżki mąki

1 łyżeczka kurkumy

2 łyżeczki chaat masala*

1 łyżeczka garam masali

2 łyżki posiekanych liści kolendry

1 łyżka octu słodowego

1 łyżeczka chilli w proszku

4 łyżki wody

Rafinowany olej roślinny do smażenia

metoda

- Marynuj rybę solą i sokiem z cytryny przez 2 godziny.
- Wszystkie pozostałe składniki oprócz oleju zmiksować na gęstą pastę.
- Podgrzej olej na patelni. Rybę obficie posmaruj ciastem i smaż na średnim ogniu na złoty kolor. Odcedź i podawaj na gorąco.

Roladki rybne i ziemniaczane

Dla 4 osób

Składniki

675 g ozorów cytrynowych, obranych i filetowanych

sól dla smaku

łyżeczka kurkumy

1 duży ziemniak, ugotowany

2 łyżeczki soku z cytryny

2 łyżki kolendry, drobno posiekanej

2 małe cebule, drobno posiekane

1 łyżeczka garam masali

2-3 małe zielone papryczki chili

½ łyżeczki chili w proszku

Rafinowany olej roślinny do smażenia

2 jajka, ubite

6-7 łyżek bułki tartej

metoda

- Rybę gotuj na parze przez 15 minut.
- Odcedź i wymieszaj z pozostałymi składnikami oprócz oleju, jajek i bułki tartej. Zagnieść i podzielić na 8 bułek o grubości 6 cm.
- Rozgrzej olej na patelni. Bułeczki maczać w jajku, panierować w bułce tartej i smażyć na średnim ogniu na złoty kolor. Odcedź i podawaj na gorąco.

Krewetka Masala

Dla 4 osób

Składniki

4 łyżki rafinowanego oleju roślinnego

3 cebule, 1 pokrojona w plasterki i 2 posiekane

2 łyżeczki nasion kolendry

3 goździki

1 calowy cynamon

5 ziarenek pieprzu

100 g świeżego kokosa, startego

6 suszonych czerwonych papryczek

500 g krewetek, obranych i oczyszczonych

½ łyżeczki kurkumy

250ml wody

2 łyżeczki pasty z tamaryndowca

sól dla smaku

metoda

- W rondlu rozgrzej 1 łyżkę oleju. Podsmaż pokrojoną cebulę, nasiona kolendry, goździki, cynamon, ziarna pieprzu, kokos i czerwone chilli na średnim ogniu przez 2-3 minuty. Zmiel na gładką pastę. Odłożyć.
- W rondlu rozgrzać pozostały olej. Dodaj pokrojoną w plasterki cebulę i smaż na średnim ogniu, aż się zarumieni. Dodać krewetki, kurkumę i wodę. Dobrze wymieszaj i gotuj na wolnym ogniu przez 5 minut.
- Dodaj zmieloną pastę, pastę z tamaryndowca i sól. Smaż przez 15 minut. Podawać na gorąco.

ryba czosnkowa

Dla 4 osób

Składniki

500 g miecznika, obranego i filetowanego

sól dla smaku

1 łyżeczka kurkumy

1 łyżka rafinowanego oleju roślinnego

2 duże cebule, drobno starte

2 łyżeczki pasty czosnkowej

½ łyżeczki pasty imbirowej

1 łyżeczka mielonej kolendry

125 g przecieru pomidorowego

metoda

- Marynuj rybę solą i kurkumą przez 30 minut.
- W garnku rozgrzej olej. Dodać cebulę, pastę czosnkową, pastę imbirową i mieloną kolendrę. Smażyć na średnim ogniu przez 2 minuty.
- Dodać przecier pomidorowy i rybę. Dusić przez 15-20 minut. Podawać na gorąco.

ryż ziemniaczany

Dla 4 osób

Składniki

150 g ghee plus trochę do smażenia

1 duża cebula

1-calowy korzeń imbiru

6 ząbków czosnku

125 g ubitego jogurtu

4 łyżki mleka

2 zielone strąki kardamonu

2 goździki

1 cm/½ cynamonu

250 g ryżu basmati, namoczonego przez 30 minut i odcedzonego

sól dla smaku

1 litr/1¾ pinty wody

15 orzechów nerkowca, smażonych

Na kluski:

3 duże ziemniaki, ugotowane i zmiksowane

125 g mizzen*

½ łyżeczki chili w proszku

½ łyżeczki kurkumy

1 łyżeczka proszku garam masala

1 duża cebula, starta

metoda

- Wszystkie składniki klopsików wymieszać ze sobą. Podziel mieszaninę na małe kulki.
- Na patelni rozgrzej ghee do smażenia. Dodaj klopsiki i smaż na średnim ogniu na złoty kolor. Odcedź i odłóż na bok.
- Cebulę, imbir i czosnek zmiel na pastę.
- W rondlu podgrzej 60 g ghee. Dodaj ciasto i smaż na średnim ogniu, aż będzie przezroczyste.
- Dodać jogurt, mleko i kulki ziemniaczane. Pozostaw mieszaninę na wolnym ogniu przez 10-12 minut. Odłożyć.
- Na innej patelni rozgrzej pozostałe ghee. Dodać kardamon, goździki, cynamon, ryż, sól i wodę. Przykryj pokrywką i gotuj na wolnym ogniu przez 15-20 minut.
- W naczyniu żaroodpornym układaj naprzemiennie warstwę ryżu i ziemniaków. Zakończ warstwą ryżu. Udekoruj orzechami nerkowca.
- Piecz ryż z ziemniakami w piekarniku w temperaturze 200°C (400°F, gaz 6) przez 7-8 minut. Podawać na gorąco.

Pulao z warzywami

Dla 4 osób

Składniki

5 łyżek rafinowanego oleju roślinnego

2 goździki

2 zielone strąki kardamonu

4 ziarna czarnego pieprzu

1 calowy cynamon

1 duża cebula, drobno posiekana

1 łyżeczka pasty imbirowej

1 łyżeczka pasty czosnkowej

2 zielone chilli, drobno posiekane

1 łyżeczka garam masali

150 g mieszanki warzywnej (fasolka szparagowa, ziemniaki, marchewka itp.)

500 g ryżu długoziarnistego, namoczonego przez 30 minut i odcedzonego

sól dla smaku

600 ml/1 litr gorącej wody

metoda

- W garnku rozgrzej olej. Dodać goździki, kardamon, ziarna pieprzu i cynamon. Spraw, żeby pluła przez 15 sekund.
- Dodać cebulę i smażyć na średnim ogniu przez 2-3 minuty, od czasu do czasu mieszając.
- Dodaj pastę imbirową, pastę czosnkową, zielone chilli i garam masala. Dobrze wymieszaj. Smaż tę mieszaninę przez minutę.
- Dodaj warzywa i ryż. Smaż pulao na średnim ogniu przez 4 minuty.
- Dodaj sól i wodę. Dobrze wymieszaj. Gotuj przez minutę na średnim ogniu.
- Przykryj pokrywką i gotuj na wolnym ogniu przez 10-12 minut. Podawać na gorąco.

Kashche Gosht ki Biryani

(Biryani z Jagnięciny)

Dla 4-6 osób

Składniki

1 kg jagnięciny pokrojonej na 5 cm kawałki

1 litr/1¾ pinty wody

sól dla smaku

6 goździków

5cm cynamonu

5 zielonych strąków kardamonu

4 liście laurowe

6 ziaren czarnego pieprzu

750 g ryżu basmati, namoczonego przez 30 minut i odcedzonego

150 gramów ghee

Szczyptę szafranu rozpuścić w 1 łyżce mleka

5 dużych cebul, pokrojonych w plasterki i podsmażonych

Dla ogórka:

200 gramów jogurtu

1 łyżeczka kurkumy

1 łyżeczka chilli w proszku

1 łyżeczka pasty imbirowej

1 łyżeczka pasty czosnkowej

1 łyżeczka soli

25 g/małe listki kolendry, drobno posiekane

25 g/liście mięty, drobno posiekane

metoda

- Wszystkie składniki marynaty wymieszać i marynować w tej mieszance kawałki jagnięciny przez 4 godziny.
- W rondlu wymieszaj wodę z solą, goździkami, cynamonem, kardamonem, liśćmi laurowymi i ziarnami pieprzu. Gotuj na średnim ogniu przez 5-6 minut.
- Dodaj odsączony ryż. Gotuj przez 5-7 minut. Odcedź nadmiar wody i odłóż ryż na bok.
- Wlać ghee do dużej żaroodpornej miski i położyć na niej marynowane mięso. Połóż ryż na mięsie.
- Posyp górną warstwę mlekiem szafranowym i odrobiną ghee.
- Zakryj patelnię folią aluminiową i przykryj pokrywką.
- Dusić przez 40 minut.
- Zdejmij z pieca i odstaw na kolejne 30 minut.
- Udekoruj biryani cebulą. Podawać w temperaturze pokojowej.

Achari Gosht ki Biryani

(marynowana baranina Biryani)

Dla 4-6 osób

Składniki

4 średnie cebule, drobno posiekane

Jogurt 400g/14oz

2 łyżeczki pasty imbirowej

2 łyżeczki pasty czosnkowej

1 kg baraniny pokrojonej na 5 cm kawałki

2 łyżeczki nasion kminku

2 łyżeczki nasion kozieradki

1 łyżeczka nasion cebuli

2 łyżeczki nasion gorczycy

10 zielonych papryczek chili

6½ łyżki ghee

50 g drobno posiekanych liści mięty

100 g drobno posiekanych liści kolendry

2 pomidory pokrojone w ćwiartki

750 g ryżu basmati, namoczonego przez 30 minut i odcedzonego

sól dla smaku

3 goździki

2 liście laurowe

5cm cynamonu

4 ziarna czarnego pieprzu

Dużą szczyptę szafranu rozpuścić w 1 łyżce mleka

metoda

- Wymieszaj cebulę, jogurt, pastę imbirową i pastę czosnkową. Marynuj baraninę w tej mieszance przez 30 minut.
- Upiecz razem na sucho kminek, kozieradkę, cebulę i nasiona gorczycy. Zmiażdż je na grubą masę.
- Podziel zieloną paprykę i napełnij ją posiekaną mieszanką. Odłożyć.
- Na patelni rozgrzej 6 łyżek ghee. Dodaj baraninę. Smaż baraninę na średnim ogniu przez 20 minut. Upewnij się, że wszystkie strony kawałków baraniny są również rumiane.
- Dodaj nadziewaną zieloną paprykę. Kontynuuj gotowanie przez kolejne 10 minut.
- Dodaj liście mięty, liście kolendry i pomidory. Dobrze wymieszaj przez 5 minut. Odłożyć.
- Ryż wymieszać z solą, goździkami, liśćmi laurowymi, cynamonem i ziarnami pieprzu. Zagotuj mieszaninę. Odłożyć.
- Pozostałą część ghee wlać do naczynia żaroodpornego.
- Połóż smażone kawałki baraniny na wierzchu ghee. Ułóż ugotowany ryż w jednej warstwie na baraninie.

- Wlać mleko szafranowe do ryżu.
- Formę owiń folią aluminiową i przykryj pokrywką. Piec biryani w piekarniku nagrzanym do 200°C (400°F, klasa gazu 6) przez 8 do 10 minut.
- Podawać na gorąco.

www.ingramcontent.com/pod-product-compliance
Lightning Source LLC
Chambersburg PA
CBHW050343120526
44590CB00015B/1544